Barbara Sommerer

Die Babysitterfibel

Barbara Sommerer

Die Babysitterfibel

Alles, was Eltern & Babysitter wissen müssen: von Arbeitszeit über No-Gos bis Versicherungen

steffen verlag

Für meine Sonne

Inhalt

Anhang

Vorwort

Das alles hier habe ich genauso erlebt, nur an anderen Orten, zu anderen Zeiten und mit anderen Personen.

Das sind meine Erfahrungen als Babysitterin und Nanny, und meine Sicht auf die Dinge, auch als Mama und Großmama.

Der Einfachheit halber spreche ich überwiegend vom Babysitter und Kunden, auch wenn es andere Bezeichnungen und eine männliche und weibliche Form, sowie Einzahl und Mehrzahl davon gibt. Ich schreibe von Kindern und meine damit natürlich auch Babys. Und von Eltern und Familie und möchte darauf hinweisen, dass ich damit die ganze Vielfalt meine – von alleinerziehend über Patchwork bis hin zu zwei Vätern und zwei Müttern.

So, wie jede Familiensituation eine andere ist, ist jedes Kind einzigartig und schon deshalb jeder Babysitter-Job. Da dieses Buch für alle ist, habe ich versucht, allen und jeder Eventualität gerecht zu werden. Entscheide, was für dich wichtig ist und entschuldige bitte, wenn etwas nicht auf dich zutrifft. Im Übrigen spreche ich dich im gesamten Buch mit »du« an. Das ist unter Babysittern üblich.

Ich wünsche mir, dass dich die Ideen dieses Buches auf deinem Weg inspirieren. Wir, der Verlag und die Autorin können aber keine Haftung übernehmen, was du damit machst und wie du arbeitest.

Natürlich kannst du ganz anderer Meinung sein. Sie ist jederzeit willkommen.

Der »Joker« in der Kinderbetreuung

Babysitter sind die »Joker« in der Kinderbetreuung. Sie arbeiten wann und wo sie gebraucht werden – in Familien, in Firmen, auf Veranstaltungen, gehen temporär mit ins Büro, ins Ausland und auf Reisen. Sie sind da, wenn die Mama oder der Papa mal krank ist, eine Pause oder Freiraum braucht, arbeitet, länger arbeitet oder weg muss. Egal, ob Gerichtstermin, Scheidung, Hochzeit, Geschäftsessen oder eine Zigarette, der Babysitter ist da. Babysitter sind für die Notfälle, für die gelegentliche und die geplante Kinderbetreuung gleichermaßen da. Sie arbeiten manchmal von jetzt auf gleich, aber immer, wo es gewünscht wird, zu jeder Zeit. Babysitter können nebenberuflich, hauptberuflich und ehrenamtlich arbeiten. In der Regel werden sie stundenweise für die Betreuung der Kinder gebucht. Wenn ein Babysitter als Kindermädchen ganz bei einer Familie arbeitet, dann nennt man sie auch Nanny.

Wegen der Flexibilität ist die Tätigkeit als Babysitter bei Studenten oder Menschen, die beispielsweise Künstler sind und einen zusätzlichen Nebenjob brauchen, sehr beliebt. Jüngere Menschen interessieren sich dafür, weil sie Referenzen und Erfahrungen sammeln wollen und ältere, damit, wenn die eigenen Kinder aus dem Haus sind, das Leben spannend bleibt oder wieder spannender werden soll. Auch Männer arbeiten als Babysitter.

Die Zukunft sieht übrigens gut aus. 2015 wurden laut Statistischem Bundesamt rund 738 000 Kinder in Deutschland geboren. Das sind 738 000 neue Möglichkeiten, wo früher oder später ein Babysitter gebraucht wird.

Das »richtige« Alter und andere Voraussetzungen

Babysitter zu sein, ist ein Traumjob. Es macht Spaß, jeden Tag kleine Helden zu erleben und manchmal selbst einer zu sein. Man kann da arbeiten, wo man sich zuhause fühlt. Oder mit diesem Job um die ganze Welt ziehen. Man kann Schlösser kennenlernen und berühmte Leute oder die, die sich dafür halten. Man ist auf Veranstaltungen, Hochzeiten und Konferenzen, großen Festivals und in kleinen, lieben Familien. Man kann lachen, sich austoben, Leben kennenlernen, wird geliebt und vielleicht damit auch reich.

Scheinbar könnte es jeder machen. Doch das stimmt nicht. Es ist zwar kein geprüfter Beruf, aber ein Job mit wachsenden Ansprüchen. Der Babysitter soll ganz für die Kinder da sein, mit ihnen spielen, kochen, Hausaufgaben machen, raus gehen, die Stadt erkunden, sie fördern und manchmal mit ihnen sogar andere Sprachen lernen. Kreativität, fördernde Talente, Sicherheit und ein gutes Auftreten sind gefragt. Die Kunden achten darauf, wer zu ihnen ins Haus kommt. Das würdest du an ihrer Stelle ganz genauso machen. Vielleicht hast du bereits im kindernahen Bereich einen Beruf erlernt oder studiert oder bist gerade dabei? Also zum Beispiel Kindergärtner, Kinderkrankenschwester, Erzieher, Lehrer, Sozialpädagoge, Kunstpädagoge? Hast du Weiterbildungen bezüglich Kinderbetreuung – wie einen Babysitter oder Erste-Hilfe-Kurs – besucht? Hast du schon mit Kindern Erfahrungen gesammelt? Vielleicht hast du selbst Kinder, warst als Au-pair im Ausland, Tagesmutter oder Schauspielerin im Kindertheater? Das alles sind Referenzen, die für dich sprechen. Und das alles sind Fragen, die gestellt werden, wenn du als Babysitter arbeiten möchtest.

Eine andere Frage ist die nach dem richtigen Alter für diese Tätigkeit. Ich selbst bin erst sehr spät Babysitter geworden, um genau zu sein: mit 53 Jahren. Meine Tochter dagegen schon mit 14 Jahren, ohne dass ich mich als Mama in den dazugehörigen Rechten und Pflichten auskannte. Die erste Babysitter-Tätigkeit meiner Tochter bestand darin, auf die Kinder ihres Lehrers aufzupassen. Letztendlich beruhte dieser Job darauf, jemandem einen Gefallen zu tun sowie auf Vertrauen, eigenem Zutrauen, Spaß am Spiel und ein wenig Organisationstalent. Ich weiß noch, wie sie mich eines Tages von ihrem Babysitter-Job aus anrief und sagte, dass das siebenjährige Mädchen gerade erbrochen hätte. Sofort platzte es aus mir heraus: »Geht es der Kleinen besser, du musst die Eltern anrufen und die Bettwäsche wechseln und Kamillentee kochen und ihre Hand halten und, und, und.« Meine Tochter unterbrach mich ruhig: »Ja, Mama, das habe ich schon alles gemacht, ich will doch nur wissen, wie die Waschmaschine angeht.« Seit über zehn Jahren hat sie jetzt eine eigene Kinderbetreuungsagentur. Eines Tages hatte sie einen Notfall, wollte unbedingt helfen, aber keinen freien Babysitter verfügbar. Sie fragte einfach mich, wie Töchter das so drauf haben. So bin ich der Notfallbabysitter geworden und neben meiner eigentlichen Arbeit auch geblieben.

Wenn ich als gebuchte Babysitterin bei den Familien an der Tür klingele oder an der Rezeption eines Hotels stehe und der Lift öffnet sich und der Papa tritt heraus, um mich abzuholen, dann gibt es oft für ein klitzekleines Sekündchen ein Verwirrtsein in den Augen. Meistens wird eine Babysitterin so um die Zwanzig erwartet, jung und hübsch. Auch ich bin hübsch. Aber eben über dreißig Jahre älter. Spätestens eine Stunde später wollen jedoch neunundneunzig Prozent der Mütter und Väter mich für immer. Sie sind entspannt und beruhigt und überlassen mir alle ihre Kinder und am liebsten die zukünftigen gleich mit.

Und doch habe ich auch die Erfahrung gemacht, dass ich manchen Kunden und ihren Kindern wirklich zu alt bin. Ich hatte einmal zwei Kinder aus Schweden zu betreuen. Das Mädchen war drei und der Junge zwölf Jahre alt. Sie waren gerade aus dem Urlaub in Südafrika zurück und bevor sie nach Hause weiterflogen, musste der Vater geschäftlich in Berlin einen zweitägigen Zwischenstopp einlegen. Es war Sommer und schon am Morgen sehr heiß in der Stadt, also ging ich mit den beiden Kindern in ein Freibad. Es war eines von den Kleineren – mit Plansche und sehr familiär. Genau richtig, weil es überschaubar war, um den Großen und die Kleine immer im Blick zu haben. Wir haben zusammen gelacht, gebadet, Eis gegessen, die Sprünge ins Wasser des Großen und das Geplansche der Kleinen bewundert. Es war ein toller Tag, so dachte ich, so fühlte ich es.

Kurz bevor ich mich am nächsten Morgen wieder auf den Weg machen wollte, klingelte mein Telefon. Meine Agentur stornierte den zweiten Tag von diesem Auftrag. Der Grund?

Der Junge wollte eine jüngere Babysitterin, eine Studentin, wie er sie schon in Südafrika hatte. Ihm war mit mir zu langweilig. So kann es gehen. Schade, ich hatte mich gefreut. Ob mich die Begründung stört? Wieso sollte das so sein?

Was ist nun das »richtige« Alter? Für viele Agenturen ist ein Alter ab 21 Jahre richtig. Ältere sind vielleicht erfahrener, vielleicht auch eingefahrener, aber sie wissen, weniger ist mehr und Liebe ist alles. Junge springen vielleicht mit den Kids über Bänke und ins Wasser. Und doch sind dies Vorurteile.

Das Alter spielt jedoch eine entscheidende Rolle, wenn es um Haftungsfragen geht. Das muss jeder wissen, die Eltern ebenso wie die Babysitter. Babysitter, die minderjährig sind, können für andere Kinder rein rechtlich gesehen nicht die Sorgfalt übernehmen. Sie sind ja selbst noch Kinder.

Eltern stellen sich das oft einfach vor: »Ach, der Babysitter soll doch nur mal auf den kleinen Armin aufpassen. Der ist ganz selbständig, sie müssen nur ein bisschen gucken.« Dass dabei entscheidende Regelungen zu treffen sind, vergessen viele.

Meine vierzehnjährige Tochter wäre im Falle eines Aufsichtspflichtschadens nicht haftbar gewesen.

Aber so lange ich in diesem Job schon arbeite und auch mit anderen Babysittern gesprochen habe, noch nie ist etwas passiert. Außer, dass vielleicht Saft auf dem Teppich gelandet ist, zu dem wir später noch kommen.

Wenn du also in die Hocke gehen kannst, um die Welt der Kinder aus ihrer Perspektive zu sehen, und du Wärme, Liebe und Erfahrung mitbringst, wenn du dein Herz am rechten Fleck hast, die Abwechslung liebst, zuverlässig, diskret und über achtzehn Jahre alt bist, dir bespuckte T-Shirts, ja auch deine eigenen, nichts ausmachen – dann ist das dein Job.

Allein arbeiten oder mit einer Agentur

Ich mache es kurz, zusammen ist es immer schöner. Man gehört wo dazu, kann sich zusammen auf- und abregen, zusammen freuen und Unklarheiten besprechen, man hat ein Team, interessantere Aufgaben und vielleicht auch Weihnachtsfeier(n).

Eine Agentur kennt den Kunden und seine Wünsche, hat ihn geprüft und weiß um die Details. Sie weiß, wo du bist, bei wem, warum und wofür. Das gibt Sicherheit – auch für den Kunden. Die Angst, die mit dem Argument ausgedrückt wird: »Ich gebe doch meine Kinder nicht irgendeiner Person«, kann jeder verstehen. Aber Babysitter von Agenturen sind nicht irgendwelche Babysitter. Sie wurden persönlich ausgesucht. Selbst wenn ein Kunde oder auch der Babysitter mal nicht zufrieden sind, ist die Agentur da, um dafür zu sorgen, dass es auf allen Seiten wieder passt.

Außerdem steht eine Agentur für Professionalität. Sie kümmert sich um die Werbung und die Anerkennung deiner Arbeit nach außen und klärt alles Wichtige rund um einen Auftrag im Vorfeld ab, auch das Finanzielle.

Leider gibt es in vielen Städten noch keine Kinderbetreuungsagenturen, vom Land mal ganz zu schweigen. Das ist jedoch kein Grund aufzugeben, schließlich ist der Bedarf auch dort am Wachsen. Und du kannst eine der Ersten sein, die Kinderbetreuung anbietet. Beginne zum Beispiel einfach mit einem Aushang im Supermarkt oder beim Bäcker oder im Kindergarten. Vielleicht so:

»Liebe Kinder, sagt doch bitte Euren Eltern, dass es jetzt auch hier einen tollen Babysitter gibt. Ich heiße XYZ und bin XX Jahre alt, fröhlich, umsichtig und jederzeit und immer gern für Euch da. Einfach anrufen … P.S. Happy Kindergeburtstage organisiere ich auch.« Dann deine Telefonnummer mit dem Hinweis »Babysitter« in das Werbeblatt unten zum Abreißen integrieren und deine Mailbox so besprechen, dass zumindest jeder Anrufer weiß, dass das dein Telefon ist: »Hallo, hier ist der Anrufbeantworter/die Mailbox von XYZ. Schön, dass sie anrufen, aber leider kann ich in diesem Moment nicht persönlich ans Telefon gehen. Ich rufe sie aber gern zurück. Bitte hinterlassen sie mir dazu einfach ihre Telefonnummer und Ihren Namen.«

Besser wäre es natürlich, du erklärst gleich auf dem Anrufbeantworter/der Mailbox, der Babysitter XYZ zu sein, auch wenn dann vielleicht der eine oder andere Spruch deiner Freunde dazu für dich hinterlassen wird. Aber auch sie werden es weitersagen, und das ist gute Werbung.

Der erste Anruf und Auftrag lässt sicher ein bisschen auf sich warten. Verzweifle nicht, warte nicht, mache weiter. Gehe in Arztpraxen, Büros oder Unternehmen, von denen du denkst, dass dort die Mitarbeiter (da sind Eltern darunter!) unregelmäßige oder lange Arbeitszeiten haben und stelle dich und dein Können vor. Sicher darfst du deine Werbung aushängen. Vielleicht haben sie dort aber schon lange nach einer Lösung bei der »Vereinbarkeit von Familie und Beruf« gesucht und sind begeistert, dass du endlich da bist.

Eine weitere Möglichkeit an einen Babysitter-Job zu kommen, ist das Deutsche Rote Kreuz, das neben Babysitter-Kursen einen Vermittlungspool anbietet. Hier trägt man sich ein, genauso wie auf diversen Internetplattformen, und bietet seine Dienste an. Eltern wiederum suchen dort nach einem geeigneten Babysitter oder stellen selbst eine Anfrage auf diese Seiten. Das funktioniert dann wie ein Marktplatz – suchen und finden. Ich drücke dir jedenfalls die Daumen.

Im Internet findest du auch die Seiten anderer Babysitter oder von verschiedenen Babysitter-Agenturen. Schau sie dir an (Seite 108 – 109). Über ihren Internetauftritt, die Philosophie, die Teams und das jeweilige Impressum kannst du viel ableiten und für dich lernen. Und – du kannst dich damit gut auf deine Bewerbung vorbereiten.

Bewerbung, Bewerbungsunterlagen und -gespräch

Egal, wo du dich in deinem Leben je vorstellen willst, habe bitte niemals Probleme mit einer Bewerbung. Was soll passieren? Allenfalls bist du hinterher erfahrener als vorher. Und das passiert sowohl bei einer Einladung als auch bei einer Absage. Letztere ist übrigens keine Ablehnung. Es heißt nur, dass es nicht passt.

Wenn du über eine Agentur vermittelt werden willst, braucht auch die deine Bewerbungsunterlagen. Sie kennen dich ja noch nicht. Bewerbungsunterlagen brauchst du natürlich ebenso, wenn du ganz alleine arbeiten und auf Kundensuche gehen willst. Diese sind allenfalls dann nicht so umfangreich, wenn du im privaten Umfeld empfohlen wurdest und schon Fürsprecher hast.

Mit deiner Bewerbung zeigst du, hier bin ich, das will ich und das kann ich. Du gibst der Agentur oder deinen Kunden etwas in die Hand, dass sie hoffentlich neugierig werden lässt.

Sicher ist es anstrengend, eine Bewerbung zusammenzustellen. Aber es lohnt sich in jedem Fall. Es ist durchaus spannend, sein Leben von Anfang an bis zu diesem Zeitpunkt, genau jetzt, anzuschauen. Da kommen sicherlich lustige, schöne und ernste Geschichten zusammen. Bei jedem. Und jeder ist ganz besonders. Hole also Zettel und Stift und schreibe als erstes alles auf, was dir zu dir einfällt und womit du das belegen kannst. Was sind deine

Interessen? Welche Hobbys hast du? Liebst du Aktivitäten? Welche Sprachen verstehst du? Und welche sprichst du? Hast du Geschwister? Was bedeutet Familie für dich? Hast du schon einmal Kinder betreut? Wo? Warum willst du es wieder tun? Welche Ausbildung hast oder machst du gerade? Wofür? Was hat die mit Kindern zu tun? Kannst du Autofahren? Was ist dein Traumberuf? Warum? Bist du auf dem Weg dahin? Hast du Kurse besucht? Singen, Tanzen, Selbstverteidigung? Was macht dich glücklich? Bist du schon einmal mit Delfinen geschwommen? Oder hast du vielleicht einmal Schmetterlinge gezüchtet? Was magst du gar nicht? Was waren Worte anderer über dich, die dich glücklich gemacht haben? Und – warum du eigentlich der beste Babysitter der Welt werden willst.

Als nächstes stellst du eine kurze Bewerbung zusammen. Aber auch diese sollte ein persönliches Anschreiben enthalten. Darin stellst du dich kurz vor, was du gerade machst und warum du als Babysitter gerade in dieser Agentur oder Familie oder mit dieser Person arbeiten möchtest. Beschreibe dich mit zwei, drei Eigenschaften, schließlich ist neben dem Können gerade in diesem Bereich die Person an sich sehr wichtig, das Auftreten, so etwas wie Besonnenheit und trotzdem aktiv sein oder Fröhlichkeit und Kreativität. Füge deinen Lebenslauf, ein Foto und gegebenenfalls Referenzen in Kopie bei. Vielleicht hast du schon ein Ausbildungszeugnis, Beurteilungen oder Arbeitszeugnisse. Und dann ab die Post oder E-Mail.

Sicher hast du dich vorher informiert oder durch ein Telefonat herausbekommen, auf welchem Wege die Bewerbung gewünscht wird. Vielleicht hast du auch gefragt, ob überhaupt Interesse an neuen Mitarbeitern besteht, wenn es um eine Bewerbung bei einer Agentur geht. Ich weiß jedoch, dass immer gute Babysitter und erfahrene Kindermädchen gesucht werden. Eine gute Agentur bekommt heute nicht nur täglich neue Aufträge aus der Stadt, wo sie ansässig ist, sondern landesweit und über die Grenzen hinaus. Das liegt daran, dass das Vertrauen in professionelle Babysitter immer größer wird, der Bedarf stetig steigt, und dass es nicht überall Agenturen gibt oder diese eine die beste ist.

Falls sich die Agentur eine Zusammenarbeit mit dir vorstellen kann, wirst du gebeten, deine Unterlagen entsprechend der Agenturwünsche zu vervollständigen und zum Vorstellungsgespräch zu kommen.

Zu einer vollständigen Bewerbungsmappe gehören:

- Kopie deines Personalausweises
- Schulabschlusszeugnis
- Nachweis deiner Ausbildung/deines Studiums (Diplom/Zeugnis)
- vorhandene Arbeitszeugnisse
- Praktikumsbeurteilungen
- Kinderbetreuungsreferenzen
- eventuell der Beleg, dass du einen Babysitterkurs absolviert hast
- Nachweis über den Ersten-Hilfe-Kurs für Kinder
- Nachweis einer Privathaftpflichtversicherung zur Kinderbetreuung (siehe Punkt: Sicherheit, auch für dich, Seite 34 ff.)

- ein erweitertes Führungszeugnis, mit dem du nachweist, dass du nicht vorbestraft bist. (Das würdest du sicher auch von jemandem wissen wollen, dem du dein Kind anvertraust.) Im Rathaus, Bezirksamt oder per Internet kannst du das beantragen. Bis du es in den Händen hältst, dauert es circa zwei Wochen. Es wird vom Bundesamt für Justiz ausgestellt und kostet eine kleine Gebühr.
- Steuernummer, wenn du selbständig arbeitest
- bei ausländischen Bewerbern/Bewerberinnen wird eine Arbeits- und Aufenthaltsgenehmigung benötigt

Das klingt erst einmal nach ganz schön viel Aufwand. Und doch ist eine vollständige Bewerbungsmappe das A und O einer erfolgreichen Bewerbung. Und falls du Fragen hast, hilft dir die Agentur sicher gern weiter.

Fragen sind auch beim Vorstellungsgespräch wichtig. Stelle alle, die du hast, schließlich willst auch du die Agentur oder deinen Kunden kennenlernen. Wie wird hier gearbeitet? Worauf wird besonders Wert gelegt? Wie wird der Ablauf sein? Gibt es einen Einsatzplan? Was ist im Notfall? Und wenn du mal selbst krank bist? Gibt es eine Telefonbereitschaft? Und eine Kleiderordnung? Wie ist das mit der Abrechnung und dem Geld? Und – wo sollst du eingesetzt werden? Denn es gibt große Kinder, kleine Kinder, viele Kinder, kranke Kinder, Babys, anderssprachige Kinder, Jungs und Mädchen, Geschwister, Gruppen, Familien und Firmen. Und es gibt dich.

Was willst du? Willst du für jedes Alter der Kinder da

sein? Und für wie viele Kinder? Willst du mit auf Veranstaltungen gehen? Oder fühlst du dich sicherer bei einer einzigen Familie?

Je genauer du weißt, was du willst und kannst, umso besser kann die Agentur mit dir zusammenarbeiten. Das sind also Dinge, die bei einem Bewerbungsgespräch gleich mitbesprochen werden sollten, um Missverständnisse von Anfang an zu vermeiden.

Zu einem Bewerbungsgespräch solltest du frisch und gut gelaunt erscheinen. Falls du anfangs aufgeregt bist, macht dich das sicher sympathisch. Also freu dich einfach drauf. Auch die Agentur freut sich auf dich, schließlich hat auch sie keine Zeit zu verschenken. Schon deshalb sei pünktlich oder rufe an, falls du dich verspätest. Was gar nicht geht: dass jemand zusagt, nicht kommt und auch nicht erreichbar ist und später vielleicht noch angibt, es hätte gerade nicht gepasst. Hier fängt die Zuverlässigkeit an, die in dieser Arbeit für alle Seiten absolute Voraussetzung ist.

Unabdingbar beim Bewerbungsgespräch wie in diesem Job ist die Hygiene. Familien wie Agenturen erleben die tollsten Dinge. Es ist immer wieder erstaunlich, dass Bewerber ungepflegt zum Termin erscheinen und einen 5-Sterne-Job erwarten. Du willst im Service arbeiten und mit Kindern. Du präsentierst dich und/oder ein Unternehmen, also bitte, rieche nicht und finde ein sauberes T-Shirt. Übrigens: ein Designer-Kostüm wäre wiederum übertrieben.

Unhöflichkeit ist während des Bewerbungsgesprächs wie im späteren Service genauso unangebracht. Komisch sind auch Bewerber, die im Vorstellungsgespräch erzählen, sie würden eigentlich gar nicht arbeiten wollen. Vielleicht nur mittwochs zwei Stunden, aber nicht jeden Mittwoch, nur im Juli, ach, nein, da bin ich ja im Urlaub, aber im Oktober, da könnte es klappen. Ein solcher Einstieg wird natürlich nicht zum Ziel führen, weder bei einer Familie, die einen Babysitter sucht, noch bei einer Agentur.

Wenn alles gut gelaufen ist, das Gespräch also interessant und schön war, alle Fragen beantwortet und deine Unterlagen vollständig sind, und du die Familie oder Agentur für das, was du willst, perfekt findest und sie dich, wird einer Zusammenarbeit nichts mehr im Weg stehen. In der Agentur wirst du in die Kartei aufgenommen, bekommst ein eigenes Profil als erste Information für den Kunden angelegt und sicher bald den ersten Auftrag.

Mein Agentur-Profil sieht übrigens so aus:

Barbara (Autorin, selbst Mama und Oma)

Alter: 58

Sprachen: Deutsch, Englisch

Betreuung: Babys und Kinder jeden Alters

Aktivitäten: alles rund um Kreativität, Lesen, Spielen, Outdoor-Aktivitäten, Stadt entdecken für Kinder

Specials: Tagestouren, Hotelservice, Veranstaltungen und Familienfeiern

Die Agentur erhält übrigens in regelmäßigen Abständen einen Wochenplan von mir. So weiß sie, zu welchen Zeiten ich verfügbar bin. Natürlich sind da bereits feste Kunden berücksichtigt und mit aufgeführt. Und selbstverständlich wird der Plan weit im Voraus erstellt und Änderungen werden umgehend mitgeteilt. Das machst du mit deinen eigenen Kunden genauso.

Wie du zu deinen Aufträgen kommst, in welchem Arbeitsverhältnis ihr zusammen steht und wann du wie dein Geld erhältst, regelt jede Agentur und jeder deiner Kunden anders, aber immer mit dir zusammen.

Das liebe Geld

Die Flexibilität des Babysitter-Jobs erkennt man auch in der Fülle der Möglichkeiten der Arbeitsverhältnisse.

Babysitter arbeiten ehrenamtlich, selbständig, geringfügig beschäftigt – also auf Minijob-Basis – oder in einer abhängigen Beschäftigung, also angestellt bei der Familie oder der Agentur oder einer Firma. Du hast also viele Möglichkeiten, in diesen Job einzusteigen. Wichtig ist, zuvor alle Formsachen zu erledigen:

- Du brauchst eine Steuernummer, wenn du selbständig arbeiten willst. Hilfe gibt es beim Finanzamt, im Rathaus oder Landratsamt.
- Auch der Gang zum Jobcenter lohnt sich, denn vielleicht gibt es Fördergelder zu der Aufnahme deiner Selbständigkeit.
- Zu klären ist auch, wie du dich kranken- und rentenversicherst. Das machst du direkt bei deiner Krankenkasse. In der Anfangsphase hilft auch da eventuell das Jobcenter, falls du noch nicht genug verdienst und du nicht als Studentin oder hauptberuflich ohnehin bereits versichert bist.
- Falls du mit einer Agentur arbeitest, sagt sie dir, was du alles brauchst.
- Die Minijob-Zentrale beantwortet alle Fragen, wenn du neben dem Studium oder nebenberuflich auf Minijob-Basis als Babysitter arbeitest.
- Wenn du dagegen als Nanny angestellt bei einer Familie arbeitest, muss diese wie ein Arbeitgeber das

Vertragsverhältnis regeln. Wichtig ist für dich, was du am Ende des Monats erhältst. Auf alle Fälle bist du hier schon renten-, kranken- und arbeitslosenversichert. Ein Steuerberater, das Finanzamt und deine Krankenkasse stehen dir bei offenen Fragen aber ganz sicher zur Seite.

Wenn du ohne Geld auf ein Kind aufpasst, ist das übrigens ein Freundschaftsdienst. Erhältst du Geld, und das möchtest du sicher, dann handelt es sich um ein Rechtsgeschäft. Hier brauchst du klare Regelungen zur Bezahlung, egal, ob dein Kunde eine Familie ist oder du für eine Agentur arbeitest. Also wie viel Geld bekommst du für wie viel Arbeit, wann erhältst du dein Geld (gleich, am Monatsende oder nächsten Monat) und auf welchem Wege (bar oder per Überweisung). Das sollte vorher feststehen und schriftlich in einem Vertrag fixiert werden, um dir und deinem Kunden Rechtssicherheit zu geben. Um es einfach auszudrücken, alles rund ums Geld sollte vorher klar sein.

Der Preis, der letztendlich auf der Rechnung steht, also deiner an deine Kunden oder deiner an die Agentur (falls du selbständig arbeitest und eine Rechnung stellen musst), setzt sich aus folgenden Punkten zusammen:

- der Stundensatz fürs Babysitten mal der geleisteten Stunden (oder Tagessatz mal die Tage)
- die Fahrtkosten (für die Anfahrt und vor allem die Abfahrt, wenn der Job erst nachts zu Ende ist)
- die Zuschläge wie ein Kinderzuschlag für weitere Kinder und/oder Feiertags-, Nacht- sowie Expresszuschlag, wenn du von einem Moment zum anderen gebucht wurdest

In Deutschland werden zurzeit 19 % Mehrwertsteuer erhoben. Wenn du als Babysitter selbständig arbeitest, tust du das auch. (Wenn du nicht selbständig arbeitest, ist das nicht dein Problem.)

Die Mehrwertsteuer wird übrigens auf einer Rechnung an den Kunden auf unterschiedliche Art ausgewiesen. Bei Rechnungen an eine Familie muss die Mehrwertsteuer bereits bei der Nennung des Stunden- und Endpreises enthalten sein. An irgendeiner Stelle der Rechnung steht dann: inklusive 19 % MwSt. = xx,xx €. Das ist dann wie auf dem Bon, den du an der Kasse erhältst, wenn du beispielsweise in der Drogerie einkaufen warst. Du musst als Endverbraucher nicht rechnen, du weißt, die Sachen haben so und so viel gekostet und die Mehrwertsteuer ist schon enthalten.

Wenn dein Kunde jedoch eine Firma ist, ein Autohaus zum Beispiel, dann kommt erst zum Ende der Rechnung auf den Gesamtbetrag die Mehrwertsteuer hinzu, also zuzüglich 19 % Mehrwertsteuer. Übrigens sollte die Mehrwertsteuer, die du als Selbständige(r) einnimmst, niemals ausgegeben werden. Sie muss ans Finanzamt abgeführt werden. Parke das Geld also auf einem extra Konto, damit du es hast, wenn es soweit ist.

Fahrtkosten und Zuschläge sind sicherlich einfach festzulegen. Aber wie viel kostet nun eine Stunde Babysitten? Oder anders gefragt, was willst du für eine Stunde deiner Arbeit haben?

Falls du mit einer Agentur arbeitest, hat sie diese Preise bereits festgelegt, ansonsten musst du das bestimmen und dich mit deinen Kunden darüber einigen.

Am Ende des Monats sollten vom verdienten Geld deine Kosten bezahlt werden können, darunter die für

- die Haftpflichtversicherung und gegebenenfalls für die Kranken- und Rentenversicherung
- deine Fahrtkosten
- dein Telefon
- dein Büromaterial, darunter Briefmarken für den Versand von Rechnungen oder Werbung, Stifte, Papier, Druckerpatronen und vieles mehr
- dein Werbematerial wie Visitenkarten, Werbeflyer, Luftballons, kleines Spielzeug
- für »Sondermaßnahmen« wie Mahnungen, wenn ein Kunde mal nicht bezahlt oder streitet; für eine Zeitungsanzeige; für ein neues Telefon …

Und du brauchst natürlich Geld für dich selbst, für deine Miete, für Strom, Essen und was sonst noch so anfällt.

Vieles davon muss nicht teuer sein. Du bist sicher kreativ. Falls du eigene Visitenkarten benötigst, reicht es, einen Stempel mit deinen Kontaktdaten anfertigen zu lassen, bunte Stempelfarbe dazu und schon kann es losgehen mit dem Basteln eigener Karten. Sie fallen sicher auf. Auch muss es nicht das neuste Handy sein. Wichtig ist, dass es funktioniert und du erreichbar bist. Eine Anzeige in der Tageszeitung ist übrigens teuer und wird oft überblättert. Vielleicht versuchst du aber einmal, dass ein Redakteur über dich und deine Arbeit schreibt.

Viele Kosten hast du gar nicht, wenn du mit einer Agentur zusammenarbeitest, denn dann hat sie diese und noch einige mehr: Büro- und Personalkosten zum Beispiel.

Die Kosten der Agentur werden unterschiedlich geregelt oder »umgelegt«. Manche Agenturen erheben eine Monatsgebühr von jedem Babysitter und von ihren Kunden in ihrer Kartei. Andere wiederum regeln das über den Stundenpreis. Das heißt, der Babysitter bekommt weniger als dem Kunden der Agentur in Rechnung gestellt wurde. Beides hat Vor- und Nachteile. Eine Gebühr erschrickt vielleicht viele, regt aber zur Aktivität an, schließlich will man ja »sein Geld« wieder hereinholen. Die zweite Variante, also die über den Stundenpreis, scheint gerechter, weil man nur an den Kosten beteiligt wird, wenn man vermittelt wurde. Und doch wird geklagt: »Was, so viel Geld kostet das!?« Realität ist, dass Babysitter-Dienste heute immer noch schlecht bezahlt werden, obwohl es um das Wohl von Kindern geht und die Arbeit mit ihnen jedem Einzelnen viel abverlangt. Das ist dann auch ein Grund, warum viele Agenturen, nachdem sie enthusiastisch begonnen haben und auch gebraucht werden, wieder schließen. Die Inhaber werden lieber selbst Babysitter, gehen angestellt in einen Kindergarten oder gründen ein ganz anderes Geschäft.

Als Babysitter fängt man meist mit kleinen Jobs an, der Betreuung eines Kindes und vielleicht auf Mindestlohnniveau. Aber keine Sorge, die großen Jobs kommen auch. Komischerweise will die dann oft niemand. Jeden Monat für zwei Wochen bei voller Bezahlung nach Rom fliegen und dort bei einer Filmfamilie das dreijährige Kind betreuen und sie mit beim Film-Dreh begleiten? Für ein halbes Jahr auf die Malediven? Für fünf Monate als Animateur in ein deutsches Traumhotel auf Bali? Kaum vorstellbar, dass für diese Jobs, festangestellt und versichert, niemand gefunden wurde, obwohl sogar die Bezahlung hätte frei verhandelt werden können. Und doch ist das »Mit-unterwegs-sein« der Bereich der Kinderbetreuung, in dem das meiste Geld verdient werden kann – wenn du bereit bist, dein eigenes Leben für einen gewissen Zeitraum hinten anzustellen oder wenn du diesen Job als dein Leben betrachtest. Du bist dann nicht nur das Kindermädchen, sondern manchmal, in berühmten Familien zum Beispiel, auch ein Aushängeschild. Wo die Familie ist, ist die Nanny. Wo Paparazzi sind, muss gelächelt werden.

Natürlich übertreibe ich ein bisschen.

Jedenfalls hat deine Agentur oder du mit dem Kunden gesprochen, auch über Geld. Es wurde alles abgeklärt, ein wunschgemäßes Angebot unterbreitet, das der Kunde bestätigt hat. Das nennt man dann Auftrag.

Hurra, ein Auftrag

Ganz egal, ob du einen Auftrag von einer Agentur bekommst oder ihn selbst an Land gezogen hast, du brauchst mindestens folgende Angaben:

Termin/e:
Wann sollst du da sein? An welchem Tag und zu welcher Zeit und voraussichtlich wie lange?

Adresse/n/ und Adresszusatz:
Wo genau sollst du sein? Eventuell mit einem speziellen Adresszusatz, Stockwerk, bei wem und wie melden? Welcher Name steht auf dem Klingelschild? Manchmal steht dort nämlich gar keiner oder nur eine Nummer. Gibt es eine weitere Adresse, zum Beispiel bei der Begleitung zum Sport oder dem Abholen von der Kindertagesstätte oder von einer Veranstaltung? Und wie ist die genau?

Kundenangaben/Kinder:
Wer ist eigentlich der Kunde? Wie heißt die Familie? Wie viele Kinder sind zu betreuen, Alter und Name und gehören diese alle zur selben Familie?

Telefon/Erreichbarkeit:
Wie ist die Telefonnummer des Kunden, Handy und/oder Festnetz? Wie ist die Bereitschaftsnummer deiner Agentur? Wo sollst du vor Auftragsbeginn notfalls anrufen, falls du die Adresse nicht findest oder sie falsch ist oder niemand die Tür öffnet.

Besonderheiten/Wünsche:
Wofür wird der Babysitter gebraucht? Gibt es einen besonderen Anlass? Lässt die Agentur etwas Persönliches ausrichten oder musst du etwas mitbringen wie Spielzeug, Dekoration oder Schminkkoffer? Sind Haustiere im Haushalt? Und wo sind die Vollmachten hinterlegt, die du brauchst, um ein Kind aus der Kita oder Schule abzuholen?

Bezahlung des Kunden:
Wurde Barzahlung vereinbart und du musst kassieren? In welcher Höhe? Oder wurde bereits bezahlt, dann bleibt die Frage, wie viel oder bis wann? Wie viel kostet dann jede weitere Stunde? Zu welchem Stundensatz? Gibt es noch andere Kosten abzukassieren? Welche und wie hoch? Zum Beispiel bei der Rückfahrt in der Nacht.

Deine Konditionen:
Was bekommst du? Dein Stundensatz, deine Fahrtkosten und Zuschläge? Und wie erfolgt deine Abrechnung der Stunden und der Geldeinnahmen, falls du den Auftrag über eine Agentur bekommen hast? Und wann?

Die Geldauslagen, die du hattest, wenn du mit den Kindern in Absprache der Eltern im Museum oder Eis essen warst, bekommst du vom Kunden zurück. Und falls du Trinkgeld erhältst, war nicht nur der Kunde sehr zufrieden, du kannst es auch sein, es ist deins. Natürlich wird geteilt, falls mehrere Babysitter vor Ort waren.

Noch ein Tipp: Wenn du selbständig arbeitest und mit deinem Kunden keine schriftliche (Vertrags-)Vereinbarung hast, wann und auf welchem Weg deine Arbeit bezahlt werden soll, kassiere immer bar am selben Tag gegen Quittung, die neben dem gezahlten Barbetrag deine Stundenzahl enthält. So kann es dir nicht passieren, dass der Kunde zum Beispiel am nächsten Tag abgereist ist und du noch nicht bezahlt wurdest, oder dass ein Kunde im Nachhinein unsicher ist, wie deine Arbeitszeit gewesen ist.

Aufträge sind niemals gleich. Es kann sein, dass du für wenig Geld übers Land in ein abgelegenes Schloss fahren sollst und du hast deshalb keine Lust dazu. Ich rate dir, es trotzdem zu tun, außer du hast andere Gründe als das Geld. Es ist dein Job, deine Erfahrung, dein Weiterkommen. Du wirst etwas Neues kennenlernen und wieder etwas lernen. Es bringt dich weiter als der Weg dahin ist.

Sicherheit, auch für dich

Es gibt das Kind, die Eltern, gegebenenfalls die Agentur und dich. Alle brauchen Sicherheit.

Als Babysitter hat man Spaß, aber auch Verantwortung. Egal, ob du dafür bezahlt wirst oder nicht, du übernimmst die Aufsichtspflicht, die sonst bei den Eltern liegt. Das heißt, dass die dir anvertrauten Kinder nicht zu Schaden kommen dürfen und durch sie auch niemand anderem Schaden zugefügt wird. Du solltest also die Kinder niemals aus den Augen lassen, immer wissen, wo sie sich befinden und was sie gerade tun oder als nächstes wahrscheinlich tun werden und dich mit ihnen am besten an überschaubaren und abgegrenzten sowie sicheren Orten aufhalten, also mit ganzer Sorgfalt deinen Job machen.

Kommt es doch zu einem Schaden, wirst du mit zur Verantwortung gezogen. Selbst eine Agentur kann dir diese nicht abnehmen.

Beim Thema Sicherheit und Wohl des Kindes ist übrigens eines noch ganz wichtig – und das ist das Körperliche in Bezug auf das Kind. Es ist so schön, wenn die Kinder dich lieben, dich nicht gehen lassen wollen, dich umarmen und abknutschen wollen. Dieses Vertrauen ist kostbar, sollte jedoch nicht falsch verstanden werden. Denn: Es ist nicht dein Kind. Achte auf die Grenzen. Lass sie den Schlafanzug alleine anziehen, wenn sie es können. Lass sie sagen, wenn sie Hilfe brauchen, das macht sie selbständig und stark. Wenn du ein Buch vorliest und sie sich ankuscheln, ist das

O.K. Umgekehrt nicht. Halte sie, wenn sie es brauchen, sie werden es dir zeigen. Und falls Tränen kullern, warum auch immer, habe ein bisschen Zeit, bleibe bei ihnen und lass ihnen ihren Kummer. Kinder hören meist von alleine auf und dann kann es weitergehen. Am Abend solltest du dann in aller Ruhe mit den Eltern über eure Grenzen reden und auch darüber, was dir Sorgen bereitet.

Wenn du jetzt denkst, dass dir das zu viel Verantwortung ist, hilft dir vielleicht, darüber zu sprechen, erst einmal ein Praktikum oder auch ein Erste-Hilfe-Kurs für Kinder, das gibt Sicherheit. Außerdem solltest du am Anfang vielleicht nur ein Kind betreuen oder auf Veranstaltungen mit mehreren Babysittern gehen. Oder es ist wirklich nicht dein Job. Aber solange ich als Babysitter arbeite, habe ich nur von Sachschäden wie einem Springseil im Fernseher oder Johannesbeersaft auf dem Teppich gehört. Wenn das passiert, sprich am selben Tag mit dem Kunden darüber. Und immer mit deiner Agentur, so du mit einer zusammenarbeitest. Sie werden dir helfen, das Richtige zu tun. Im Übrigen bist du über deine Haftpflichtversicherung abgesichert, vorausgesetzt, diese enthält eine spezielle Klausel, die sich auf »die entgeltliche Betreuung von Kindern« bezieht.

Aber auch den Kunden möchte ich ans Herz legen, gleich mit dem Babysitter und der Agentur zu sprechen, falls etwas zu Bruch gegangen ist, etwas fehlt oder es Probleme gibt. Zwei Wochen später anzurufen und dann sagen, dass die Wickeltasche gesucht wird, ist irritierend und kann sicher nicht mehr eindeutig und zufriedenstellend geklärt werden.

Nun zu deiner Sicherheit. Eine Agentur prüft ihre Kunden. Durch die Adresse, durch mehrere Telefonnummern und Rückrufe. Falls du ohne Agentur arbeitest, solltest du das natürlich auch tun. Außerdem solltest du immer jemanden haben, der weiß, wo du gerade arbeitest. Und habe immer eine Notnummer bei dir, über die du jederzeit die Person deines Vertrauens anrufen kannst. Alle Babysitter, mit denen ich gesprochen habe, fühlten sich bei allen Familien jederzeit sicher und gut aufgehoben. Einzig der Weg durch die Nacht brachte ihnen manchmal Unruhe. Kläre ihn vorher mit der Agentur oder mit dem Kunden und lass dir den sicheren Fahrweg bezahlen. Also:

- kenne den Weg und die möglichen Verkehrsverbindungen im Voraus
- besprich die Übernahme der Fahrtkosten im Voraus
- fahre mit dem Auto, lass dich bringen oder abholen oder nimm ein Taxi, wenn der Weg schlecht oder menschenleer ist
- nimm immer ein Taxi, wenn du ein schlechtes Gefühl hast
- vertraue dir und deinem Gefühl

Dein Gefühl und deine Sicherheit sind besonders wichtig, insbesondere, wenn du dich Annäherungsversuchen des Kunden ausgesetzt fühlst. Versuche in einer solchen Situation freundlich, aber bestimmt, das Ansinnen deines Gegenübers zurückzuweisen und verlasse umgehend die Örtlichkeit. Suche sofort Kontakt zu deinen Eltern, deiner Agentur, Vertrauten oder wähle Das Hilfetelefon – Beratung und Hilfe für Frauen (siehe Notfallnummern auf Seite 110), um sofort jemanden an deiner Seite zu haben und um dir helfen zu lassen. Zu deiner Beruhigung kann ich dir jedoch mitteilen, dass mir keine Fälle bekannt sind.

Deine Alarmglocken sollten zudem immer anschlagen, wenn du kein Geld oder keinen Ausgang bekommst, wenn du deinen Ausweis oder dein Telefon abgeben sollst, denn diese solltest du immer bei dir haben, wie viele andere Dinge auch.

Alles dabei

Wenn du zu einem Auftrag gehst, spazierst du nicht einfach mal los. Du musst bestimmte Dinge bei dir haben, die du beim Kunden brauchst oder nur für dich. Haussocken zum Beispiel oder deine Auftragsunterlagen. Wie unangenehm, wenn du den Zettel mit der Anschrift vergessen hast, zurück musst und dich verspätest. Oder wenn du gleich beim ersten Mal deine Agentur oder deinen Kunden anrufen musst, um zu fragen: »Äh, wie hieß die Straße noch mal? Ach, es ist gar nicht heute?«

Für manchen Einsatz musst du auch sofort nach dem Anruf deines Kunden oder deiner Agentur los. Nicht nur dann ist es gut, alle Babysitter-Job-Dinge griffbereit an einem Ort zu haben, eine Babysitter-Tasche, falls du selbst unterwegs bist und Bereitschaft hast. Oder bei dir zu Hause ein Babysitter-Fach.

Ich habe dir hier das Wichtigste für deinen Job zusammengestellt. Natürlich ist das vom Einsatzort, vom Kunden, von der Tages- und Jahreszeit, von der geplanten Aktivität, vom Kundenwunsch, von der Dauer des Auftrages, vom Kind und von dir, und was du persönlich brauchst, abhängig.

Vielleicht brauchst du viel mehr, aber mit Sicherheit:

- die Auftragsunterlagen, um gut anzukommen und für deine Vorbereitung
- Fahrkarten, um dein verdientes Geld nicht für Strafen auszugeben, falls du ohne fährst
- Visitenkarten für die Professionalität

- deinen Ausweis, um dich auszuweisen
- dein Handy mit einprogrammierten Not- und Taxirufnummer sowie der Kundentelefonnummer, falls bereits bekannt
- Ladekabel für dein Handy
- einen Stundenzettel als Nachweis deiner Arbeit und der Anfangs- und Endzeiten
- Geld und Wechselgeld, denn es ist peinlich, keines dabei zu haben und dann nicht herausgeben zu können; das sieht dann so aus, als ob du dir Trinkgeld erschleichst und macht schlechte Laune beim Kunden.
- Quittungsvorlagen für Barzahler
- mindestens ein Blatt Papier, das braucht man öfter, als man denkt; das fängt beim Malen an, geht über Notizen bis hin zum Schreiben einer Vollmacht.
- Stift
- deine Brille, falls du eine trägst
- Schlüssel vom Kunden, falls du schon bei der Familie arbeitest und sie ihn dir gegeben haben; natürlich gegen Quittung. Nicht dass es bei der Rückgabe Unstimmigkeiten bei der Anzahl der Schlüssel gibt!
- Vollmachten, falls du die schon bekommen hast, zum Beispiel für das Abholen aus der Kindertagesstätte o. ä.; in der Regel werden diese jedoch hinterlegt.
- Landkarte, auch wenn du ein Handy hast. Übers Land ist oft die Internetverbindung schlecht oder gar nicht vorhanden
- ein wenig Spielzeug ist super wichtig für Orte, an denen kein oder unpassendes Spielzeug ist, an denen

du zum ersten Mal bist und wo du das Kind von dir überzeugen, es einfangen musst; Kleinigkeiten, mit denen du etwas anfangen und leicht Spielideen aufbauen und die Kinder begeistern kannst, zum Beispiel ein Memory-Spiel, das eignet sich bis hin zum Gute-Nacht-Geschichten-Ausdenken.

- dein Team- oder Babysitter-Shirt ist wichtig, wenn ihr auf Messen, Firmenveranstaltungen, Hochzeiten oder ähnlichem im Einsatz seid und wenn deine Agentur es fordert; es ist wichtig, um euch vom Publikumsverkehr abzuheben und als Präsentation; es sollte sauber sein.
- Haussocken oder -schuhe im privaten Umfeld
- Wechsel-T-Shirt zum wieder Wohlfühlen, falls mal etwas schief gegangen ist beim Kind und mit dir
- Tuch oder Jacke für den Abend, denn du kannst dich meist nicht hinlegen und zudecken
- deine Hygieneartikel: Deo, Zahnbürste, Zahnpasta, Taschentücher, kleines Handtuch
- (Trost-)Pflaster
- Wasserflasche gegen Durst und für saubere Hände
- Not-Apfel, falls es mal nichts zu Essen gibt

Und vielleicht dieses Buch? Was du aber unbedingt noch brauchst, um als Babysitter für alle Situationen gerüstet zu sein, sind kleine Tricks, die auch Kindern gefallen.

Die Spieltheorie und kleine Tricks

Du bist der Babysitter. Du kennst dich mit Kindern aus, bist der Profi und kannst mit allen Situationen umgehen. Das erwarten die Eltern von dir. Und Recht haben sie, du kannst das. Falls dir jedoch, unter welchen Umständen auch immer, mal ein guter Rat in Sachen Kinderbetreuung fehlt, habe ich hier für dich die besten Ideen zusammengestellt. Sicher kennst du die eine oder andere schon oder hast noch andere aus eigenen Erfahrungen.

Eine Situation, die ziemlich häufig bei Aufträgen im Hotel vorkommt, ist die, dass Kinder nicht zur Ruhe kommen. Natürlich merken sie es, dass sie nicht in dem Bettchen liegen, wo die Waschmaschine aus der Ferne leiert und Musik aus dem Wohnzimmer dringt und die Diele genau dann knarrt, wenn jemand nach ihnen schaut. Und auch wenn es spannend ist, im Hotel zu sein, mit vielen neuen Eindrücken und ganz nah bei Mama und Papa – letztere wollen jetzt weg. Ohne Kinder. Und das gefällt den Kleinen gar nicht. Die Eltern wissen das natürlich auch und versuchen mit allen Tricks, Kind oder Kinder vorher zum Schlafen zu bringen oder es wenigstens willenlos müde zu bekommen. Wie in diesem Fall:

Wenn in Berlin die Berlinale stattfindet, sind tausende Besucher mehr in der Stadt und die Hotels ausgebucht. Und die Babysitter auch. An einem Abend wurde ich zu Festivalgästen aus New York in ein schönes Designhotel geschickt. Sie wollten pünktlich um 21 Uhr bei einer Film-Gala sein und hatten mit einer Stunde genügend Zeit für die Übergabe und den Weg dahin – das Konzerthaus lag um die Ecke – eingeplant. Nur sollte eben das Kind schon schlafen. Fünf Minuten vor zwanzig Uhr stand ich an der Rezeption, legte die Visitenkarte auf den Tisch, stellte mich vor und fragte nach der Familie. Kurz darauf kam der Vater in die Hotellobby und bat mich, zu warten, weil das Kind noch nicht schlief. Es schlief auch nicht um 20:30 und auch nicht um 21 Uhr. Im halbstündigen Rhythmus ging die Fahrstuhltür auf. Der Vater musste nicht mal mehr aussteigen, sondern zuckte nur noch mit den Schultern und ich wusste Bescheid und wartete weiter. Erst um 22:30 Uhr trat der Vater dann doch aus dem Fahrstuhl heraus und mit der Frage an mich heran, ob ich es nicht einmal versuchen könnte, das Kind ins Bett zu bekommen, seine Frau wäre schon völlig fertig. Eine interessante Frage, oder? Schließlich ist das doch unser Job. Als ich im Zimmer ankam, traf mich der Schlag. Der zweijährige Junge saß um halb elf in der Nacht vor einem Laptop und schaute Trickfilme. Die Mama sagte mir, sie müsse jetzt wirklich los und könne auch nicht mehr. Der Junge möge schauen, so lange er wolle, wenn ich ihn nicht vorher vom Zubettgehen überzeugen könne. Ich checkte das Zimmer und fragte, ob ich mich mit auf das Bett legen dürfe, und ich bekam das O.k. Die Eltern gingen, der Trickfilm war zu Ende. Ich dimmte das Licht, klappte den Laptop zu und trug den Jungen ins Bett. Es war eindeutig zu spät für einen großen Protest. Ich legte mich, den Arm aufgestützt und mit Abstand, auch auf das Bett und sprach die ganze Zeit beruhigend auf ihn ein.

Als er doch anfangen wollte, zu meckern, kramte ich ein Bildchen aus meiner Hosentasche und gab es ihm. Es war eines von diesen kleinen Comics, die bei manchen Kaugummis beigelegt sind. Er hielt es in seiner kleinen Hand und guckte und ich redete immer weiter. Ich erfand eine Geschichte rund um den Bären, den er da sah, und ich wurde dabei mit meiner Stimme immer leiser. Er schlief bereits, immer noch den kleinen Arm angewinkelt mit dem Bild in der Hand, als ich noch im Kopf am Happy End feilte.

Was lernen wir?

- Ich hatte ein müdes Kind.
- Ich hatte die Ruhe und für Ruhe gesorgt.
- Ich hatte einen »Joker« dabei, das kleine bunte Bildchen aus der Hosentasche.
- Vielleicht hatte ich auch Glück beziehungsweise die richtigen Entscheidungen getroffen.
- Ich dimmte nicht nur das Licht, sondern auch meine Stimme.

Aber eines war noch wesentlicher: Das Kind hatte mich mit den Eltern zusammen kennengelernt, obwohl es schon so spät war. Es konnte erleben, wie die Mama mit mir sprach und dass die Eltern mir vertrauten. Der Mama ging es gut, obwohl sie vorher schon am Rande eines Nervenzusammenbruches war, dem Vater ging es gut, weil es seiner Frau gut ging und weil sie noch ausgehen konnten, und dem Jungen ging es gut, weil jetzt alles gut war. Und mir ging es natürlich auch gut.

Ich denke, dass es immer besser ist, wenn ein Kind den Babysitter mit den Eltern zusammen kennenlernt. Vielleicht steht dann auf der Babysitter-Rechnung eine Stunde mehr, gut. Aus dem Film »A Beautiful Mind«, wo es um den Mathematiker John Nash geht, habe ich gelernt, dass man dann Erfolg hat, wenn es dem Einzelnen gut geht und allen zusammen. Für diese »Spieltheorie« bekam Nash den Wirtschaftsnobelpreis. Findest du nicht auch, dass man sie gut auf die Kinderbetreuung anwenden kann?

Die After-Film-Gala-Party war übrigens sehr schön gewesen, sagten die Eltern, als sie um halb vier glücklich zurück waren.

Neben dem eigenen »Joker« und der »Spieltheorie« habe ich dir hier noch andere Ideen aufgeschrieben, die ich gut finde und immer wieder anwende:

- Kinder austoben lassen, möglichst an frischer Luft, und nach Hause gehen, bevor das erste weint
- in die Hocke gehen, um alle Perspektiven zu kennen
- zuhören und schauen, was dem Kind Freude bereitet. Dabei geht es nicht um Geschenke, sondern um entsprechende Aktivitäten, Antrieb und Begeisterung.
- nicht dozieren, so können sich Kindern frei entfalten; lasse sie im Museum beispielsweise den Weg bestimmen oder im Zoo allein das Lieblingstier finden
- der »Das-Kind-darf-entscheiden-Trick«: Soziologen sagen dazu, partizipatorisch sein. Das bedeutet, mit einbezogen zu werden, Mitsprache zu haben. Ein Beispiel: Du nimmst drei Bücher aus dem Regal und das Kind darf entscheiden, welches du vorlesen sollst. So hast du

Einfluss auf die Länge der Geschichte und ein glückliches Kind. Mit der Anwendung dieses Tricks gibt es übrigens auch weniger Streit bei Geschwisterkindern bei der Frage, wer mehr Nachtisch hatte. Du lässt ein Kind den Nachtisch aufteilen, und das andere darf zuerst nehmen.

- der »Leise-Sprechen-Trick«: Wenn man ruhig und leise spricht, fühlen sich die Kinder sicher. Außerdem wollen Kinder alles wissen, sie hören also hin. Und wenn du dann mal lauter wirst, hören sie auch das.
- im Jetzt und eindeutig sein: Also nicht sagen, »vielleicht gehen wir nächste Woche ins Kino«.
- Defizite schaffen: Das heißt, nicht alles auf einmal – also den Kinobesuch, Schwimmen gehen und Burg bauen – an einem Tag veranstalten. Auch nicht als der liebste Babysitter der Welt. Orientiere dich am normalen Familien-, Kita- oder Schulrhythmus, lass Zeiten für das Spiel zusammen und das Spiel allein; und schaffe ab und zu einen Höhepunkt. Es stellt sich hier ohnehin die Frage, was ein Höhepunkt ist. Für Kinder ist das Größte, wenn du mit ihnen ganz im Spiel aufgehst und Zeit und Welt und das Wäschewaschen, der Einkauf, das Kochen und Telefonieren vergessen werden. Also habe auch Zeit für dein Nonplusultra. Auch für danach. Um immer noch begeistert zu sein oder um noch ein Bild zu malen oder um es mit Bausteinen nachzubauen oder um sich selbst dazu etwas auszudenken. Wenn dann am Abend festgestellt wird: »Oh schade, dass es schon vorbei ist«, dann war der Tag genau richtig.

Bei meinem Blick auf Kinder und wie man mit ihnen umgeht, haben mir übrigens die Ansichten des dänischen Familientherapeuten Jesper Juul über die »Fünf Grundsteine für eine Familie« sehr geholfen. Diese sind: Kooperation und Integrität; Selbstvertrauen und Selbstwertgefühl; die persönliche Verantwortung; Eltern als Leuchttürme und die Kunst, NEIN zu sagen. Es ist unglaublich inspirierend, wie es Jesper Juul gelingt, zu vermitteln, wie einfach Lösungen sein können, egal, ob es darum geht, wer den Müll runterbringt, wie viele Sorten Müsli es geben sollte, was man mit Langeweile oder in der Pubertät der Kinder als Erwachsener macht. Schade, dass ich Juul erst so spät entdeckt habe.

Das erste Mal

Die meisten Eltern, die einen Babysitter brauchen, möchten ihn am liebsten vorab kennenlernen. Leider geht das in vielen Situationen nicht. Bei Notfällen zum Beispiel, weil diese nicht planbar sind. In diesen Situationen muss bei der Übergabe, die am Anfang eines jeden Babysitter-Auftrages stattfindet, neben den Details der Betreuung auch das Persönliche besprochen werden.

Bei Familien, die längerfristig Hilfe brauchen oder sogar eine Nanny suchen, ist das Kennenlernen selbstverständlich und findet als Vorstellungsgespräch im Zuhause der Familie statt.

Aber egal, ob nur eine kurze Übergabe stattfindet oder ein Vorstellungsgespräch, es ist das erste Mal. Das erste Mal, dass du in dieser Familie bist. Vielleicht wirst du ein bisschen aufgeregt sein. Das ist völlig normal. Etwas Neues erwartet dich schließlich. Wird die Familie nett sein? Und wie wird das mit den Kindern? Ob sie dich mögen? Was man dabei meist vergisst, ist, dass es den Eltern genauso geht. Wer ist das, der zukünftig mit in der Wohnung ist? Wie passt ihr zusammen? Können sie dir ihr Wertvollstes, ihr Kind anvertrauen?

So ein Vorstellungsgespräch dauert in der Regel eine Stunde. Manchmal kann es sein, dass du gleich dableiben sollst – weil es bereits im Vorfeld schon so geplant wurde, weil sie dich testen wollen oder weil sie von dir begeistert sind. Manchmal musst du auch von der ersten Minute an sofort dein Können zeigen, weil genau in dem Moment, in dem du in der Tür stehst, das Kind in die heiße Spaghetti-Sauce fasst. Deshalb, da du nicht wissen kannst, was alles passiert, freu dich einfach drauf, sei du selbst und interessiert, umsichtig und entspannt, vermittle Ruhe und versprühe Spaß. Du bist bestens vorbereitet, hast deine Sachen dabei und einen »Joker« in der Tasche.

Außerdem hast du vorher etwas gegessen, keinen Knoblauch, kannst dich in deiner Kleidung gut bewegen und es ist dir egal, ob da jemand draufspuckt. Du wirst damit im Sandkasten und in der Küche gut aussehen.

Du hältst deine Visitenkarte bereit und klingelst. Wenn du um 16 Uhr da sein sollst, klingelst du um sechzehn Uhr eins. So haben die Eltern die Chance, ihre Sachen fertig zu machen, und einen Moment lang Zeit, zur Uhr zu schauen, und schon bist du da, der »Joker«, der alles gut werden lässt.

Nachdem ihr euch begrüßt habt und du die Visitenkarte übergeben und deinen Namen gesagt hast, wird dir das Kind vorgestellt, das natürlich auch die Lage abcheckt und auf Abstand geht oder auf Mamas oder Papas Arm möchte.

Die Eltern setzen sich mit dir hin und erzählen von ihren Vorstellungen, wie die Betreuung ablaufen soll. Dass dein Leben im Moment für sie nicht wichtig ist, ist ein gutes Zeichen. Du bist jetzt der Babysitter. Und sie können davon ausgehen, dass du es kannst.

Wichtig sind im Augenblick alle Fragen rund um das Kind – natürlich in Abhängigkeit davon, wie alt es ist und was deine Betreuungszeit ist:

- wann und wo soll es betreut werden
- wie ist der gewünschte Tagesablauf
- das Essen und Trinken und die Zubereitung
- das Dürfen und Nichtdürfen
- vorhandene Allergien und Medizin
- Windeln und Hygieneartikel
- Spielzeug und Kuscheltiere
- Schlaf- und Wechselwäsche
- Spiel- und Schlafzeiten
- Rituale
- Wünsche

Spätestens, wenn alles besprochen wurde und dir die Eltern das Kinderzimmer, die Küche und das Bad gezeigt haben, spätestens dann solltest du im Kontakt mit dem Kind sein, wenn es nicht schon längst passiert ist. Schließlich hat es euch schon die ganze Zeit beim Reden beobachtet oder vielleicht sogar schon versucht, deine Aufmerksamkeit auf sich zu lenken. Dann lass dich einfach darauf ein und dir seine Welt zeigen.

Falls es jedoch schwer wird, das kommt bei kleineren Kindern vor, hattest du wiederum den ganzen Zeitraum Zeit, das Kind und seine Umgebung zu beobachten. Womit spielt es wohl gerne? Wofür interessiert es sich? Welches Spielzeug liegt auf dem Boden? Bausteine, Autos, Puppen? Womit hat es als letztes gespielt? Gibt es Plakate an der Wand? Eine Burg in der Ecke? Malutensilien auf dem Tisch? Daraus kannst du schlussfolgern, was der beste »Joker« aus deiner Tasche wäre. Dinge, die überraschen oder schnell etwas zusammen erleben lassen – ein klitzekleines Buch, ein Auto, was blitzschnell rollt, ein Kreisel der sich dreht.

Geh mit Abstand in die Hocke, also auf Augenhöhe und mit Sichtkontakt, und fange an zu spielen. Das ist ungewöhnlich und macht neugierig. Es wird sicher nicht lange dauern und du hast das Kind auf deiner Seite und die Eltern auch.

Ach, und falls das Kind deinen »Joker« behalten möchte, und davon gehe aus, frage die Eltern immer zuerst, ob das in Ordnung geht. Finde also »Joker«, die Spaß machen und schnell das Herz erobern, aber trotzdem nicht teuer sind.

Aber – es sollten niemals Süßigkeiten sein.

Ein perfekter Tag

Egal, ob du nur einen Tag in einer Familie bist oder für immer, jeder dieser Tage sollte nahezu perfekt laufen. Auch dafür kann man die »Spieltheorie« anwenden: Ein perfekter Tag ist der, der für die Eltern gut ist, für die Kinder, für dich und für alle zusammen. Das heißt für dich vor allem, für den Freiraum der Eltern zu sorgen, indem bezüglich ihres Kindes alles so läuft wie gewünscht. Dann werden die Eltern beruhigt sein und können sich den Dingen zuwenden, die sie sich für diesen Tag vorgenommen haben.

Zuvor erfolgt natürlich die Übergabe. Besprich bitte jedes Mal, ob das Kind bereits gegessen hat, was es essen und trinken darf, ob auf etwas Besonderes heute zu achten ist, wie das Kind geschlafen hat und wann es heute schlafen gehen soll. Lass dir immer von den Eltern das Essen zeigen oder direkt raus- oder bereitstellen.

Wir Babysitter haben nichts in den Schränken zu suchen. Aber manchmal musst du gar nicht viel besprechen, denn die Eltern sind auch zuhause. Das liegt daran, weil sie noch unsicher sind und erst einmal schauen wollen, wie es mit dir, dem Kind und ihnen so läuft. Oder sie arbeiten zuhause, sind krank, wollen Ruhe und du und das Kind sollen rausgehen.

Einmal hat ein Papa »Harry Potter« geschaut. In dieser Zeit habe ich wiederum mit seinem einjährigen Kind gespielt. Es musste sein, weil der Film seine Arbeit war. Und das Spiel – meine.

Eine Babysitterin war mal einen ganzen Tag bei einer Familie und musste dann doch nur auf das Kind aufpassen, als dieses schlief. Davor hat sie nur zugeschaut, weil Mama und Kind nicht voneinander lassen konnten.

Alles ist möglich. Die Hauptsache ist, du kümmerst dich nicht darum, sondern wunschgemäß um das Kind. Und falls die Eltern krank im Bett liegen, ist Ruhe das oberste Gebot – und ein Tee für sie im richtigen Moment eine schöne Geste.

Natürlich erwarten Eltern Ordnung. Auch wenn du nicht für das Putzen zuständig bist, die Küche wird wieder aufgeräumt, also die Krümel und so weiter werden weggewischt, es wird gefegt und das Geschirr abgewaschen und abgetrocknet. Nach dem Spielen wird das Spielzeug aufgeräumt, altersentsprechend mit den Kindern zusammen.

Die Anziehsachen der Kinder kommen ordentlich zusammengelegt dahin, wo sie hingehören und die Sachen für die Wäsche auch.

Wenn du dann gehst – werden sie dich schnell vermissen.

Draußen unterwegs

Den größten Freiraum, den es für alle gibt, ist der Aufenthalt im Freien. Hier kommt viel Gutes zusammen: Austoben, Spaß und frische Luft für die Kinder und für dich; Ruhe für die Eltern, selbst wenn sie zuhause sind; Input für alle. Wie vorher bereits erwähnt, sollte trotzdem nur ein Höhepunkt auf dem Plan stehen und in den gewohnten Familien-Tagesablauf passen. Also beachte die Ess- und Ausruhzeiten und komme nicht zu spät mit dem Kind oder den Kindern wieder nach Hause, damit Zeit zum Erzählen bleibt, schließlich sollten die Eltern auch am Erlebten teilhaben können.

Bevor ihr losgeht, muss der Tag mit den Eltern bei der Übergabe besprochen worden sein. Jeder Ausflug über den Spielplatz hinaus muss beratschlagt werden. Du darfst niemals wo hingehen, wovon die Eltern nichts wissen und wofür sie nicht ihr Einverständnis gegeben haben. Auf alle Fälle brauchst du die tagesaktuellen Telefonnummern der Eltern für Rückfragen oder einen Notfall. Du brauchst eine Regelung für die notwendigen Geldauslagen wie Eintritt, Fahrkarte oder zum Eisessen. In den meisten Fällen gibt es einen Vorschuss, der am Abend verrechnet wird. Neben dem Zeit- und Wegplan sollte auch das Essen für unterwegs besprochen werden.

Das Kind ist fit, du auch und das Wetter herrlich, ihr habt die richtigen Jacken und Schuhe an und die Tasche ist gepackt? Dann kann es ja losgehen. Stecke deine Visitenkarte für den Notfall immer in die Jackentasche der Kinder und in ihren Rucksack. Dann haben sie deine Telefonnummer bei sich. Ein super Trick ist auch, wenn diese bei kleinen Kindern auf einen ihrer Unterarme geschrieben wird, so geht sie nicht verloren und sie finden das cool. Doch dazu brauchst du die Erlaubnis der Eltern.

So, wo soll es überhaupt hingehen? Ich weiß es nicht. Kann ich auch nicht. Ich kenne das Kind nicht, dich nicht, die Situation, die Familie, das Budget, den Anlass und auch nicht das Wetter. Aber du. Denke dir etwas aus. Am Ende zählt nur der Spaß. Und euer Tag. Vergiss nicht, ein Flug zum Mond ist auf jedem Spielplatz möglich. Die Frage, die du dir für diesen Tag stellen musst, ist die:

Wo ist der Ort, an dem ihr zusammen etwas entdecken, erleben könnt, der zum Wetter, zum Zeitplan und zum Kind passt, der dir dabei gleichzeitig die Möglichkeit gibt, das Kind und den Tag laufen zu lassen.

Hier einige Anregungen:

- man kann zu Wasser (auf einer Fähre oder Luftmatratze) unterwegs sein
- auf Rädern (Fahrrad oder Doppelstockbus)
- über der Stadt (Fahrstuhl, Reichstag)
- es gibt Kühe, Pferde, Fische, Dinosaurier, Bäume, Wälder, Politiker, Prinzessinnen, Feuerwehrleute, Clowns, Autos, Flugzeuge und …
- man kann klettern, schwimmen, laufen, rennen, sich verkleiden, bauen, basteln, malen, schauen, staunen
- es gibt die Vergangenheit und die Zukunft und das Heute …

Den richtigen Platz zu finden, ist abhängig von der Laune, dem Wetter, den Interessen und dem Alter:

0–3 Jahre	Spielplatz
	Spielzimmer
	Park
	Plansche
	Wald
3–6 Jahre	Bus fahren
	Kinderbauernhof
	Kinderschwimmbad
	Spielplatz
	Botanische Gärten
	Spaziergänge im Grünen
	Zirkus
	Zoo
	Wald
6–12 Jahre	Technisches Museum
	Kindermuseum
	Flugplatz besichtigen
	Bauspielplätze
	Kunstwerkstätten
	Theater
	Kino
	Wald/Waldschulen
	See
	Zirkus

Zoo
Spielen im Park
Schwimmbad oder Therme
Sehenswürdigkeiten
Gemeinschaftsgärten

über 12 Jahre — Technisches Museum
Computer-Spiele-Museum
Hochseilgarten
Kletterwald

Egal, wohin ihr unterwegs seid, selbst der langweiligste Ort wird zum Abenteuer, wenn du ihn mit einer Idee verbindest: Gib einem technikinteressierten Jungen einen Fotoapparat in die Hand und er wird mit Freude im Botanischen Garten von Blume zu Blume springen. Oder du gehst mit einem laufunwilligen Kind in den Tierpark und es wird fröhlich bis ans Ende laufen, wenn dort der Elefant zu bestaunen ist.

Neben der Frage, wo es hingehen soll, bleibt die Frage, »wie viel Klettergerüst« vor Ort dem Kind erlaubt werden kann. Dazu eine Geschichte:

Annemarie, meine achtjährige Enkeltochter, kommt aus dem Nichtschwimmerbecken von der Rutsche auf mich zu gerannt und sieht den Sprungturm – ein Meter, drei Meter, fünf und sieben Meter sind die Absprunghöhen. Sie dreht sich zu mir und ruft: »Ich springe jetzt, ok?« Ich schaue zu Annemarie und von ihr zu den großen Kindern, die an der Leiter anstehen, die wiederum zur Drei-Meter-Plattform hoch führt. »Von wo denn?«, frage ich möglichst locker. »Na von dort, wo die anderen Kinder anstehen.« Ich werde fast ohnmächtig. Natürlich fällt mir im selben Moment ein, dass ich nur ein einziges Mal in meinem Leben aus drei Metern Höhe ins Schwimmbecken gesprungen bin: eine Kerze, als Ersatz für den Kopfsprung vom Startblock, den ich mich schon gar nicht traute. Aber ein Sprung musste sein, um die Schwimmprüfung zu bestehen. Hier war weit und breit keine Schwimmprüfung. Wieso wollte Annemarie um Himmels Willen da hoch? »Willst du das wirklich?«, frage ich sie. »Na klar.« »Bist du denn schon mal gesprungen?« »Nö.« »Und du meinst, du kannst das?« »Jaha.« »Na dann mach es.« Ich reiße mich zusammen, sie wird es schon machen, dann rufe ihr noch hinterher: »Konzentration und Spannung«. Sie ist gesprungen. Immer und immer wieder und immer und immer besser. Unser nächster Ausflug war an einen See. Auch dort stand ein Sprungturm. Natürlich war Annemarie begeistert und wollte springen. Sie stellte sich an die Drei-Meter-Brett-Schlange an, kletterte nach oben, zögerte und stieg wieder nach unten. »Es ist zu hoch«, sagte sie und ging zum Ein-Meter-Brett. Respekt! Vor allen Kindern und zuschauenden Erwachsenen zu zeigen, das will ich nicht, muss man sich erst einmal trauen.

Was will ich sagen? Auf alle Fälle nicht, dass Kinder, egal wie alt sie sind, vom Sprungturm springen sollten. Auch nicht jedes Kind, das sagt: »Ich kann das«. Das Gefühl muss stimmen, das des Kindes und deins. Man sieht es an den Augen und ob Sicherheit und Vertrauen da sind.

Gerald Hüther, einer der bekanntesten Hirnforscher Deutschlands bringt es in seinen Vorträgen und Büchern immer wieder auf den Punkt, was Kinder brauchen. Es ist das, was ihre Erfahrung im Mutterleib war: die Verbundenheit auf der einen Seite und trotzdem frei Wachsen zu dürfen auf der anderen. Er nennt es auch Geborgenheit und Autonomie. Übersetzt auf die Kinderbetreuung heißt das für mich, dem Kind in Absprache mit den Eltern Sicherheit zu geben und es sich gleichzeitig entwickeln lassen. Also, Vertrauen, Sicherheit geben auf der einen Seite und sich in seiner ganzen Vielfalt zeigen und stolz sein dürfen, auf der anderen.

Im Hotel

Die ganze Vielfalt des Lebens findet man auch im Hotel. Bei diesen Jobs betreut man nicht nur Kinder einer fremden Familie in irgendeinem Hotel, auch die Familie ist dort nicht zuhause. Meistens sind Hoteljobs einmalig, das bedeutet, nachdem dich das Kind gerade einmal kennengelernt hat, ist es auch schon wieder vorbei. Manchmal weiß man schon Wochen vorher, wann man in welches Hotel muss und manchmal erst eine Stunde davor. Melde dich zuerst an der Rezeption und stelle dich vor. Sie werden dich bei der Familie anmelden. Auf alle Fälle habe ein bisschen Spielzeug dabei, denn in vielen Hotels ist wenig vorhanden und, aber das weißt du ja schon, es macht den Anfang leichter.

Hoteljobs, so sagte mir mal eine Babysitterin, findet sie echt verrückt, weil sie immer »noch mehr neuer« sind. Auf dem Weg dahin fragt sie sich, wie es wohl dieses Mal sein wird? Soll sie nur im Zimmer spielen oder auch rausgehen? Wie das mit der Verpflegung wird, und ob die Kinder es schon gewohnt sind, im Hotel zu sein?

Sie hat Recht, Hoteljobs sind wirklich verrückt. Und den verrücktesten Babysitter-Job hatte ich auch in einem Hotel. Ich musste eine ganze Nacht lang auf die Geräusche des Babyphones aufpassen und sollte in dem Fall, wenn etwas zu hören ist, eine Handynummer anrufen. Das Kind selbst habe ich nicht zu Gesicht bekommen. Und Geräusche hat es auch nicht gemacht.

Aber normalerweise ist man bei einem Hoteljob ganz nah mit den Kindern und Eltern zusammen, in einem Zimmer – vollgestopft mit dem ganzen Leben der Familie. Da hängt das Abendkleid an der Schranktür, die Nuckelflasche steht zwischen Laptop und Schminkzeug, und du spielst auf dem Teppich mit dem Kind und dem Rennauto, während die Eltern über dir versuchen, den Einkauf zu sortieren. Und wenn das Kind endlich im Reisebett liegt und die Eltern fertig sind zum Ausgehen, bleibst du in diesem einem Zimmer zurück und freust dich, wenn das Kind friedlich schläft und du nachdenken kannst. Hoteljobs sind manchmal nämlich wirklich nur Schlafwachen. Und dann gibt es wiederum Hoteljobs, wo du die Familie eine ganze Woche lang begleitest, wie zum Beispiel eine New Yorker Journalistin, die Gastvorlesungen an einer Berliner Universität halten soll und ihre fünfjährige Tochter dabei hat. Eine Woche lang zeigst und erklärst du dann dem Mädchen die Stadt. Ihr habt viel Zeit zusammen und es ist fast wie Urlaub.

Ganz dabei, ganz weit weg

Manchmal möchte eine Familie auch, dass du wirklich mit in den Urlaub gehst. Oder eine Regisseurin, dass du sie und ihre Kinder zum Dreh ihres neuen Filmes mit begleitest. Oder Eltern, dass du auf ihr Kind, eine junge Eiskunstläuferin im internationalen Trainingscamp, aufpasst. Oder sie bekommen Familienzuwachs und müssen in die Klinik und du schmeißt sprichwörtlich den Haushalt weiter und passt auf die »alten« Kinder auf. In all diesen Fällen bist du ganz dabei, weil es rund um die Uhr ist.

Manchmal zieht eine Familie auch weit weg, in ein anderes Land. Wenn du vielleicht schon ihre Babysitter-Fee warst, dann wünschen sich alle, dass du wenigstens für eine Übergangszeit mitkommst, aber am liebsten ganz. Das ist gut zu verstehen. Die Kinder hätten jemanden Vertrautes und die Eltern ein Problem weniger und ein besseres Gefühl beim Neuanfang. Auf diese Art und Weise bin ich zum Beispiel für zwei Monate meines Lebens nach Amsterdam gekommen. Und das war einfach nur schön.

Und doch ist es Arbeit, eine besondere Arbeit. Man ist in einem ganz neuen Rhythmus und 24 Stunden mit der Familie zusammen. Welche Aufgaben werden deine sein? Hast du nach acht Stunden Feierabend? Wo und wie wirst du untergebracht? Hast du ein eigenes Zimmer? Wirst du dich an der Hausarbeit beteiligen? Wer steht auf, wenn nachts jemand weint? Was verdienst du, und wann bekommst du dein Geld? Hast du schon welches, wenn dein erster freier Tag ist? Hast du überhaupt Freizeit und freie Tage? Wie lange wird der Einsatz dauern? Wie bist du da versichert? Wirst du einen eigenen Internetzugang haben, skypen und telefonieren können?

Das alles und euer gemeinsames Leben sollte im Vorfeld besprochen und geregelt werden, so gut es eben vorher geht. Natürlich hast du ein Recht auf Feierabend. Aber in welcher Familie wird die Abendbrotzeit schon mit einer Stoppuhr verteidigt? Und du gehörst jetzt quasi dazu. Zulassen sollte man jedenfalls nicht, dass man für das Putzen oder für die Wäsche der Familie verantwortlich ist. Kleine Hausarbeiten, die dem Ablauf der Kinderbetreuung und des Familienlebens guttun, sollten kein Problem für dich sein. Fragt man die Babysitter, finden sie das Ausräumen der Spülmaschine, weil die Mama es nicht geschafft hat und drum bat, als völlig normal. Auch ein wenig aufräumen in der Wohnung, damit die Bahn frei ist zum Spielen, gehört dazu, genauso wie die Zubereitung des Essens für die Kinder oder das Besorgen von Kleinigkeiten auf dem Nachhauseweg vom Spaziergang.

Das trifft übrigens auf jeden Babysitter-Job zu, egal, wo oder in welchem anderen Land dieser gerade stattfindet.

Mir persönlich hat es in Amsterdam großen Spaß gemacht, »meine« Familie ganz und zu jeder Zeit unterstützen zu können. Die Balance vom Geben und Nehmen hat einfach gestimmt. Ich habe mich gefreut, in einem fremden Land einkaufen zu gehen, ganze Tage an Grachten und auf Spielplätzen zu verbringen, das Treiben der Stadt zu genießen, nachts dem Baby sein Fläschchen zu geben und zu sehen, wie die Familie in ihrem neuen Leben ankommt. Noch heute fühle ich mich mit ihr eng verbunden, obwohl sie mittlerweile auf einem anderen Kontinent zuhause ist. Sicherlich hätte ich auch dorthin mitgehen können, und manchmal stelle ich mir vor, wie mein Leben dann verlaufen wäre, aber mein persönlicher Plan war doch ein anderer.

Damit der Auslandsjob auch in dein Leben passt, solltest du dir zwei wichtige Fragen stellen:

- Wofür willst du eigentlich mit ins Ausland gehen?
- Was möchtest du dort für dich selbst tun?

Hast du dir also etwas ganz Konkretes für dich persönlich vorgenommen? Vielleicht planst du, einen Sprachkurs zu besuchen, um die Landessprache besser zu verstehen und um gleichzeitig andere Menschen kennenzulernen. Vielleicht machst du ein eigenes Fotoprojekt, für das du alle Spielplätze der Stadt, in der du jetzt eine Zeitlang leben wirst, fotografierst. Und wenn du wieder nach Hause kommst, organisierst du eine Ausstellung. Vielleicht hast du ein Praktikum im Ausland für deine Ausbildung zu absolvieren und dieser Einsatz zählt. Nimm dir also etwas vor. Das bringt dich weiter, gleichzeitig nimmst du dich weiterhin als eigenständige Person wahr, du bist nicht »nur« Babysitter, und du fühlst dich auch nicht einsam. Da du von zuhause weit weg bist, kann das schon einmal passieren. Gut, dass man heute skypen kann und die internationalen Telefontarife günstig sind. So ist es kein Problem, mit seinen Freunden und der eigenen Familie im Kontakt zu bleiben, mit ihnen zu lachen, etwas Persönliches durchzusprechen und zu sehen, wie stolz sie auf dich sind. Denn ganz egal, wo du bist, nicht nur Kinder brauchen Liebe, Geborgenheit, Zuwendung und Zuhören. Das braucht jeder und du auch.

Kinder, Kinder

»Kinder, Kinder«, hat schon meine Oma gesagt, weil sie wusste, man muss auf alles vorbereitet sein. Das passierte mir, als ich in einem Apartment auf drei Kinder aufpassen sollte. Als sich die Tür öffnete, stürzten mir zwei Ehepaare entgegen, die eben erst aus einem anderen Land angekommen waren und schon zum Essen verabredet waren. Eine der Mamas erklärte schnell, wie der Abend vonstattengehen sollte, welches der drei Kinder zu wem gehörte und in welches Bett; und dass es Nudeln mit Ketschup zum Abendbrot geben sollte, weil nichts anderes da war und die Kinder auch noch nichts gegessen hatten; und dann war auch sie schon weg. Als ich mich verdattert umdrehte, traf mich der nächste Schlag. Der Fünfjährige hielt seine Videokamera auf mich gerichtet und filmte, wie ich wieder ins Zimmer kam. Hallo!? Er war erst fünf, aber egal, ich war weder zum Lächeln bereit noch fand ich das lustig! Was also tun? »Oh wie schön, du bist ein Filmemacher, zeig doch mal«, sagte ich zu ihm, als wäre es das Normalste der Welt, Leute mit einer Kamera zu »überfallen«, und schon war ich aus dem Bild. Schließlich darf man nicht vergessen, gute Arbeit ist immer Werbung – und digital festgehalten erst recht. Und vielleicht ist er wirklich der nächste Hollywood-Star und dankt bei der Oscar-Verleihung seinem Kindermädchen für die Inspiration.

»Kinder, Kinder«, kann man auch sagen, wenn man sieht, was Mütter so leisten, leisten müssen. Ich war mal eine ganze Zeit lang die Babysitterin für das Baby einer Artistin. Ein Artisten-Alter ist schnell vorbei. Sie müssen immer aktiv, schön und fit sein, um weiter »an der Stange« bleiben zu dürfen, und sie sollen im Programm auch nicht fehlen, sonst werden sie anderweitig besetzt. Deshalb arbeitete die Artistin bereits wieder, als die neue Saison losging – ihr Baby war da gerade erst sieben Monate alt und wurde noch gestillt. Wenn nur eine Vorstellung am Abend stattfand, war dies kein Problem. Das Baby lag schon gewindelt und gestillt im Bettchen und schlief und etwas Milch für den Notfall stand im Kühlschrank bereit.

Aber es gab auch Tage mit zwei Vorstellungen. Das bedeutete, dass die Mama bereits um 16 Uhr das Haus als Künstlerin verlassen musste und erst gegen Mitternacht wieder daheim war. Eine ganz schön lange Zeit für eine Mama und ihr Baby. Damit die Mama wenigstens »ihre Milch« loswurde, habe ich ihr ihr Baby in das Theater zum Stillen in der Pause zwischen den Auftritten gebracht.

Und damit die besorgte Mama entspannt sein und lächeln konnte, wenn sie an ihrem Trapez hing, schickte ich ihr jeden Abend eine SMS – aber aus der Sicht ihres Babys.
»Liebe Mama, ich schlafe schon.«
»Liebe Mama, Barbara hat mir noch Schlaflieder vorgesungen, jetzt liege ich schon im Bett und träume von dir.«
»Liebe Mama, pass auf dich auf, ich habe ja Barbara.«
So in dieser Form. Das passt nicht zu jeder Mama und jedem Papa. Aber du wirst schon deinen Weg finden, damit die Kinder und die Eltern beruhigt sind. Vertraue einfach deinem Gefühl.

Topfschlagen war gestern

Jetzt schauen wir uns einmal die Besonderheiten von Kindergeburtstagen an. Erinnerst du dich an deine? Was waren die Besten? Richtig, wenn die Erwachsenen nicht da waren.

Das war zu meiner Zeit genauso. Hinzukamen aber noch andere Sachen, zum Beispiel, dass man sich seine Schokolade erkämpfen musste. Erst wenn man eine Sechs gewürfelt und dann die Handschuhe angezogen und die Mütze aufgesetzt hatte, durfte man mit Messer und Gabel ein Stückchen Schokolade abschneiden und versuchen, diese dann mit dem Besteck in den Mund zu bekommen, falls nicht vorher ein anderer eine Sechs hatte und dran war.

Und natürlich gab es auch damals schon Geschenke für jeden Geburtstagsgast. Aber nicht schön verpackt im Flur zum Abschluss, sondern versteckt unter einem Topf, den du, vorher fünfmal um deine eigene Achse gedreht, mit verbundenen Augen mittels Holzquirl finden musstest. Topfschlagen nannte man das, und es war gar nicht so schlecht. Man hatte Abenteuer (die Augen waren verbunden), Spaß (für alle, denn sie schrien, wo es »kalt« oder »heiß« war) und fühlte sich als Sieger (wenn das Geräusch des Schlages auf den Topfdeckel erklang).

Topfschlagen war gestern, aber noch heute garantieren die drei Elemente – ein bisschen Aktion, zusammen Spaß haben und sich wirklich etwas erkämpfen – einen richtig guten Geburtstag. Darum erfreuen sich auch Schatzsuchen immer größerer Beliebtheit. Um die Party rund zu machen, verschicken die Eltern im Vorfeld individuelle Einladungen, dekorieren die Wohnung, backen einen Geburtstagskuchen und die kleine Kinder-Disco darf zum Schluss auch nicht fehlen. Ganz schön viel zu tun, oder? Deshalb lassen manche Familien den Geburtstag auch komplett von Agenturen organisieren oder kaufen einen Programmteil wie einen Clown-Auftritt, Kinderschminken oder eine Geburtstagsprinzessin hinzu. Oder sie holen sich einfach einen Babysitter.

Falls du dieser bist, kannst du Spielangebote machen, dir Spiele ausdenken, die Spiele und die Familie begleiten, malen, basteln, die Babys wickeln, sie in den Schlaf schaukeln, für gute Stimmung sorgen und mit aufräumen, damit niemand in den Kuchen tritt.

Nur eines kannst du dabei nicht, die Verantwortung für alle Kinder übernehmen, falls du ganz alleine bist. Schließlich ist es unmöglich, gleichzeitig ein Baby zu wickeln, ein anderes zur Toilette zu begleiten und mit den anderen im Kinderzimmer zu spielen. Deshalb bleibt die Verantwortung für die Kinder bei den Eltern und sollte neben deinen Aufgaben schriftlich in einem Auftrag festgehalten sein.

Das ist bei der Betreuung großer Kinder ganz genauso. Ein einziger Babysitter sollte einmal um 1 Uhr in der Nacht 10 Kinder im Alter zwischen 12 und 16 Jahren von einem Konzert abholen und sie mit öffentlichen Verkehrsmitteln quer durch die Stadt zurück in das Hotel bringen und bis zur Rückkehr der Eltern am Morgen über sie und die drei Zimmer, in denen sie schliefen, wachen. Das da nicht für die Sicherheit aller die Garantie übernommen werden kann, liegt auf der Hand. Was ist, wenn alle schon in der U-Bahn sind und ein Kind noch draußen steht und die Tür schließt sich? Was ist, wenn bei dem Konzert nur acht Kinder am Treffpunkt stehen und zwei fehlen. Was ist, wenn du im Hotel in einem Zimmer helfen musst und aus einem anderen gehen noch zwei schnell mal an die frische Luft? Auch wenn die Kinder die vernünftigsten Sprösslinge der Welt wären, hätten mindestens zwei Babysitter eingesetzt werden müssen. Einen für den Anfang der Gruppe zum Durch-die-Stadt-lotsen und einen zweiten für den Abschluss. Das ist dann der, der sucht, alle zusammentrommelt und ständig zählt.

Da der Kunde jedoch darauf bestand, nur einen Babysitter zu engagieren, musste er schriftlich die Risikoübernahme erklären.

Mit der Anzahl der Kinder, die du betreust, ändern sich also auch deine Aufgaben: Bei einem Kind ist man der Spielkamerad, bei zweien der Umsorger und ab drei ein Manager. Und mit Eltern und Kindern – die gute Fee.

Eine gute Fee braucht es aber auch, wenn ein Kind mal krank ist.

Kranke Kinder

Wann werden Kinder krank? Wenn es gerade gar nicht passt. Und damit meine ich nicht nur am Geburtstag, zu Weihnachten oder Ostern, sondern die Tage, an denen die Eltern unverschiebbare Termine haben – eine Präsentation, auf die sie monatelang hingearbeitet haben; die Bauabnahme vom Eigenheim; den ersten Tag in einem neuen Job; einen Chef, der sie genau heute braucht; sie sind selbst einer oder sind einfach auch mal krank. Gestern oder morgen wäre völlig in Ordnung gewesen, aber heute? Ein Babysitter muss her.

Natürlich gibt es Agenturen, die auch für kranke Kinder da sind, und Babysitter, die einen Kinderkrankenschwester-Berufsabschluss haben, aber es wird trotzdem schwer werden für die Eltern. Mal abgesehen, ob wirklich jemand sofort verfügbar ist, müssen die Eltern sich damit auseinandersetzen, was die Augen ihrer Kinder sagen, das Fieberthermometer, dann der Arzt – und ihr eigenes Herz. Sie müssen trotz aller Hektik und Müdigkeit – wahrscheinlich konnte schon niemand die Nacht davor schlafen – in Ruhe entscheiden und mit ihrem Babysitter oder der Agentur reden. Manche Eltern bestellen dort einfach einen Babysitter, ohne zu sagen, was zuhause los ist. Das ist nicht nur ärgerlich, sondern verantwortungslos. Vielleicht ist die Babysitterin ja selbst schwanger und das zu betreuende Kind hat Masern. Es ist also sehr wichtig, zuvor abzuklären, was das Kind hat, damit, wenn ein Babysitter kommen kann, auch der richtige kommt und dieser sich dann auf die Situation einstellen kann.

Mal abgesehen davon, dass die Grenze des Zumutbaren wahrscheinlich bei jeder Familie und jedem Kind, bei jeder Agentur und jedem Babysitter, also auch bei dir, unterschiedlich aussieht, zeigen Erfahrungen, dass für eine sorgenfreie Betreuung folgende Punkte zu beachten sind, schließlich geht es um das Wohl des Kindes und seiner Gesundheit und auch um deine:

- du bist selbst fit »wie ein Turnschuh«
- du willst es und hast kein Problem damit, dass das Kind krank ist
- dem Kind geht es trotz der Erkrankung ganz gut und hat kein hohes Fieber
- niemand in der Familie hat eine schwer ansteckende Krankheit
- die Eltern werden jederzeit erreichbar sein
- die Betreuung durch dich ist auf eine für das Kind vertretbare Zeit beschränkt
- falls du Medikamente reichen sollst, hast du schriftlich fixierte und eindeutige Anweisungen sowie die Erlaubnis dazu
- es ist für das Kind in Ordnung, dass du da bist und nicht die Eltern
- alle deine Fragen wurden beantwortet und altersentsprechend auch die des Kindes
- ihr hattet also genug Zeit, alles klar und eindeutig zu besprechen, auch das Essen, Trinken, Fiebermessen und wann und wie die Eltern während der Abwesenheit über das Wohl ihres Kindes Bescheid bekommen und
- du vertraust jederzeit deinem Gefühl

Die Einverständniserklärung, die du dir für die Verabreichung von Medikamenten von den Eltern geben lassen solltest, ist übrigens weder peinlich oder ein Vertrauensbruch oder ein Beweis dafür, dass du nicht zuhören kannst. Sie ist dafür da, Missverständnisse und dadurch Falschgaben auszuschließen. Deshalb sollte sie die exakte Bezeichnung des Medikamentes, die Dosierungsvorschrift – also wann, wie und wie viel – und die Unterschrift der Eltern und deine enthalten. Danach dokumentierst du die Verabreichung der Medikamente während der Betreuungszeit durch die genaue Uhrzeit und deine Unterschrift.

Ich habe in meinem bisherigen Babysitter-Leben mehrmals kranke Kinder betreut und vieles dabei gelernt – am meisten über die kulturellen Unterschiede. In einer französischen Familie sollte ich für das Kind, das in der Nacht gebrochen hatte, Gemüsesuppe mit Reis kochen. Für mich erst nicht vorstellbar, ich musste augenblicklich daran denken, wie es ist, wenn der Reis wieder auf dem Rückweg ist. Aber das Kind erholte sich schnell.

Ein anderes Mal bat die Angestellte einer Botschaft um Hilfe. Sie musste unbedingt arbeiten, wollte jedoch ihr Kind nicht aus den Augen lassen. So kam es, dass ich drei Tage lang in dem 20 Quadratmeter großen Büro neben dem Schreibtisch der Mutter auf einem Stuhl saß. Sie kümmerte sich um internationale Angelegenheiten und ich mich um ihr neun Monate altes Baby. Wir sorgten also beide für Weltfrieden. Es war fiebrig und außer einem Stoffpüppchen war kein Spielzeug da, und im Reisebett lag nur eine Unterlage und keine Zudecke. Aber die Mama war da, zwischendurch schaute der Papa rein, es schlief viel und fühlte sich auch auf meinem Arm wohl. Für die Zeit, in der es wach war, hatte ich bereits ein Spiel gefunden: Ich ließ den roten Kronkorken meines Getränkes in meiner Hand verschwinden und das Baby ihn suchen. Es hatte stundenlang Spaß daran. Auch das Mittagessen war lustig. Wir sind zusammen mit Freunden der Familie, die in einer anderen Botschaft arbeiteten, essen gegangen. Diese Sprache verstand ich wiederum nicht, schade eigentlich. Aber es war wie im Film – ich, die Nanny, saß etwas abseits vom Tisch mit dem Kind auf dem Arm, war in diesem Moment nur Personal. Das »Bild« hat mir natürlich Spaß gemacht.

Also habe keine Angst vor der Betreuung kranker Kinder, sie werden im Normalfall schneller gesund als du denkst. Und wenn du vielleicht eine Woche später wieder bei der Familie bist, sind sie frisch und munter, haben vergessen, dass sie als kranke »Hasen« im Bett lagen. Außerdem sind sie wieder ein Stück gewachsen und freuen sich, dass du wieder da bist. Und dann erzählen sie dir vielleicht, dass Mama und Papa heiraten. Und du sollst mit.

Hochzeiten und andere Feiern

Als Babysitter auf einer Hochzeit gebucht zu sein, ist ein Job mit ganz speziellen Herausforderungen. Und das liegt einerseits daran, wo gefeiert wird, andererseits, Entschuldigung, an den Gästen.

Jedes Brautpaar sucht sich für seine Hochzeitsfeier den schönsten Ort der Welt aus. Im Idealfall ist das für sie ein Hotel mit großer Außenterrasse an einem See.

In der warmen Nachmittagssonne, deren Strahlen glitzernd auf dem Wasser des Sees blinken, wird dann draußen Kaffee und Kuchen für das Hochzeitspaar und die Hochzeitsgäste serviert. Die wundervolle Trauung ist vorbei, alle sind im Hotel angekommen, Geschenke werden gereicht, die Korken knallen, die Stimmung ist gelöst und die Kinder haben endlich Auslauf.

Unter den Gästen sind natürlich Eltern, die dastehen, den Sekt in der Hand, um ihre Kinder zu beobachten, als würde ein »Polospiel« zu ihren Füßen stattfinden, also auf der grünen Wiese zwischen der Terrasse und dem See. Also, du bist im Blickfeld und die anderen Babysitter und die wildgewordenen Pferdchen, auch »ACH SCHAU MAL, MEIN SOHN« oder »IST SIE NICHT SÜSS, MEINE TOCHTER« genannt.

Einige der Kinder kennen sich, sie freuen sich über das Wiedersehen und die riesige Grasfläche und rennen wie verrückt hin und her. Es gibt schon grüne Flecke auf dem ersten Anzug im Leben, blaue am Arm und blutige Knie, Tränen und Rotz auf den rosa Kleidchen, Väter, die unbedingt mit Ball spielen und Mütter, die schlichten wollen. Und Treppen und Büsche und Wege hinters Haus gibt es auch.

Du selbst stehst in einem kleinen, von dir süß geschmückten Zelt, das gerade fertig geworden ist – mit bunten Luftballons und Bastelzeug. Du hattest die Idee, dass jedes Kind heute einen Schmetterling malt oder bastelt, die am Ende alle zusammen ein Bild für das Brautpaar ergeben. Es wird sicher ein schönes Geschenk, von allen bewundert.

Doch das ist ein Irrtum. Deine eigentliche Aufgabe an diesem schönen Tag ist: Kein Kind darf ertrinken, denn ein See ist auch noch da!

Du solltest also

- Einhundert-Meter-Sprinterin sein und gleichzeitig ein beliebtes »siebzehnäugiges Monster«
- alle Kinder süß finden und im Hinterkopf ständig zählen
- die Eltern beim Namen kennen und deren ständig wechselnden Aufenthaltsort, für die Kinder gilt dasselbe
- durch Büsche krabbeln, Babys windeln, Geschirr mit wegräumen, Stöcker und Schwerter verschwinden lassen und am Maltisch stehen.
- das alles gleichzeitig können und dabei hübsch und unbesorgt aussehen.
- dem Brautpaar den schönsten Tag mit gestalten
- unbedingt mit den Brauteltern das Glück und ihren Stolz teilen
- Familienzusammenhänge zuordnen können und Zwistigkeiten diskret übersehen und im Sinne der Feier »wegbabysitten«

- der Liebling der Kinder werden, denn wenn die glücklich sind, ist es auch die Mama und – erst dann der Papa
- alle Kinder gleichzeitig ruhig bekommen, falls es einen gemeinsamen Kinderschlafraum gibt
- und falls ein Kind weint, dafür sorgen, dass kein anderes mitweint
- sich im Team gut absprechen, denn du wirst hoffentlich nicht alleine sein

Aber keine Sorge, solche Feiern bereiten schon großen Spaß und bei guter Vorbereitung noch mehr. Deshalb hier einige Tipps für den schönsten Tag des Lebens, für den wir jetzt einmal annehmen, dass du als Teamleiter bestimmt wurdest:

- Das heißt, du kommst nicht nur pünktlich, sondern zeitiger. Nur so kannst du dir einen Überblick über das Gelände und die Räumlichkeiten und die Gäste verschaffen. Du wirst in Ruhe aufbauen können und Fehlendes aus dem Hotel besorgen. Selbst bei Wind und Wetter kannst du in aller Ruhe die Dinge festmachen.
- Das bedeutet aber auch, zeitig genug loszufahren, um für den Weg einen Puffer zu haben.
- Du hast den Veranstaltungskoffer dabei und all die anderen Materialien, also was zusätzlich gebucht wurde. Oder du weißt, wer das mitbringt: Spiel- und Bastelzeug, Spiele und Bücher; Give-aways; Kindermöbel wie Hochstühle, Babybetten, Kuschelecke mit altersentsprechenden Decken, Matten, Spielinseln, Deko-Material wie Luftballons und Kinderplakate.
- Du hast an die Kleiderordnung gedacht und das Veranstaltungsoutfit angezogen.

- Die Geschenke für das Brautpaar wurden nicht vergessen. Der Blumenstrauß von der Agentur vielleicht und ein Geschenk, das ihr vor Ort mit den Kindern als Erinnerung basteln werdet.
- Wenn du ankommst, stellst du dich beim Hotel und/oder beim Ansprechpartner der Hochzeit vor.
- Die Verpflegung muss noch abgesprochen werden. Und damit meine ich nicht die eigene. Es geht um die Frage, wo die Kinder essen sollen und wann und wie.
- Es wird sicher ein Kinderspielzimmer geben (schon als Schlechtwettervariante). Stehen auch dort für die Kinder Getränke bereit?
- Erst danach wird gefragt, wie die Verpflegung des Teams geregelt ist. Es wird nicht an das Büfett der Hochzeitsgesellschaft gegangen. Und falls es gewünscht wird, wird unbedingt in einem anderen Raum gegessen.
- Du bist der Ansprechpartner für alle und für alle Fragen rund um die Kinderbetreuung, also vom Aufbau bis hin zum Feierabend und auch für alle Probleme. Niemals wird die Hochzeitsgesellschaft damit belästigt. Sage das deinem Team.
- Du sprichst vor Ort die Aufgaben des Tages mit deinem Team durch und prüfst dabei nochmals alles: den genauen Zeitplan, die Räume und ihre Ausstattung, die Anzahl der Kinder, das Alter, die örtlichen Besonderheiten und die Verantwortlichkeiten.
- Namensschildchen für die Kinder, auf denen die Namen der Eltern stehen, sind übrigens eine Geheimwaffe. So weiß man, dass Herr Lehmann und Frau Müller

zusammengehören, und man tritt nicht so schnell in ein Fettnäpfchen.

- Auf einer Kinder-Übergabeliste, also wenn man Kinder bei Veranstaltungen für unterschiedliche Zeiträume in Obhut nimmt, sollten neben den Anfangs- und Endzeiten auch die vorhandenen Allergien des Kindes, das mitgebrachte Kuscheltier sowie die Wünsche und die Telefonnummern der Eltern vermerkt werden.

Luftballons verschönern übrigens jede Party. Mit Strippe angebunden oder mit Klammern an der Strippe befestigt, bleibt dem Gestaltungsraum fast keine Grenze. Außerdem ziehen sie Kinder magisch an.

Großes Business

Luftballons kommen auch im »Großen Business« zum Einsatz. »Großes Business« steht hier für Ereignisse aller Art, die von Firmen, Organisationen, Fernsehsendern, Messen bis hin zu Autohäusern veranstaltet werden. Sie sind meist sehr wichtig. Und genauso werden sie organisiert.

Die Agentur, ein Babysitter allein käme für einen Großveranstaltungsauftrag gar nicht in Frage, bekommt in der Regel eine Anfrage, zum Beispiel: Wir, die Firma XY, planen einen »Tag der offenen Tür«, es werden eintausend Gäste erwartet, darunter etwa 170 Kinder. Bitte machen sie uns ein Angebot, wie diese durch sie betreut werden könnten und was das kostet.

Die Agentur muss dann nachhaken, um die Wünsche und Details zu erfahren. Das zu ergründen, könnte allerdings auch einmal auf dich als Einzelkämpfer zukommen, wenn du für eine kleine und somit für dich in Frage kommende Veranstaltung gebucht wirst. Wo und wann findet dieser Tag im Unternehmen statt? Welche Räumlichkeiten stehen zur Verfügung? Drinnen oder draußen? Wie ist der Lageplan? Und das Motto? Gibt es schon ein Programm? Wird eines gewünscht? Wird Spielzeug benötigt? Sollen Stände mitgebracht werden oder anderes Mobiliar? Gibt es eine Schlechtwettervariante? Wie groß ist das Budget? Welche Aufgaben sollen die Babysitter übernehmen? Solche Fragen halt, bis hin zum Alter der Kinder.

Dann wird ein Angebot erstellt und es dauert noch eine ganze Weile, bis alles auf den Punkt genau stimmt und alle Partner zufrieden sind. Mit der Beauftragung erfolgt die Umsetzung: Das Material muss bestellt und bereitgestellt werden, die Abläufe werden organisiert und genügend Babysitter. Denn es werden mehrere sein, niemals geht einer allein auf eine Veranstaltung, außer er hat nur den Auftrag, Werbeflyer zu verteilen.

Heute werden übrigens bei Firmenveranstaltungen aller Art Babysitter gebraucht, weil es nämlich überall um das Thema »Vereinbarkeit von Familie und Beruf« geht. Dementsprechend spielen die Familien der Mitarbeiter oder die der Gäste eine zunehmende Rolle, und sie werden mit eingeladen. Kaum ein Unternehmen kommt daran vorbei. Das ist bei kleinen Meetings so, bei Messen, internationalen Tagungen bis hin zu Preisverleihungen. Außerdem finden Veranstaltungen oft an einem Wochenende statt, an dem das gemeinsame Erleben der Familie wichtig ist.

Alle diese Veranstaltungen sind übrigens ein bisschen wie Hochzeiten, nur, dass die Eltern wichtigere Dinge zu tun haben, als dich und die anderen Babysitter zu beobachten. Sie sind an diesem Ort, um sich in Fachkreisen auszutauschen, Gebäude zu bestaunen, neue Strategien für ihr Geschäftsfeld auszuarbeiten, sich weiterzubilden, sich zu informieren, zu verhandeln, Geschäfte abzuschließen, in die Zukunft zu blicken, Erfolge zu feiern oder zu applaudieren.

Und das werden sie hoffentlich auch, wenn sie am Ende ihre Kinder wieder bei euch abholen, falls es überhaupt einen geschlossenen Kinderbereich gibt. In den anderen

Fällen seid ihr eine Art Insel, die die Kinder ansteuern können, aber nicht müssen, weil noch andere Attraktionen, außer euch, vor Ort sind.

Übrigens ist auf allen Veranstaltungen von der Messe bis hin zum offiziellen Empfang eine Kleiderordnung empfehlenswert, zum Beispiel eine schwarze Hose und das Babysitter-T-Shirt. So könnt ihr als Babysitter wahrgenommen werden und die Kunden euch besser zuordnen, um Hilfe in Anspruch nehmen zu können.

Das Wichtigste an solchen Tagen ist, neben der Umsetzung der geplanten Dinge, dass die Kinder glücklich und die Eltern begeistert sind – dann ist es euer Kunde auch.

Am besten erreicht man das durch Klarheit im Konzept: Lasst den Kindern etwas Zeit zum Ankommen und Rückzugsmöglichkeiten. Sie wollen nicht gleich »machen müssen«. Dafür sorgen altersgerechtes Spielzeug, Bücher, Zeitschriften und Comics. Und ein spannendes übergreifendes Tagesthema auf verschiedenen Erlebnisinseln. Außerdem sollten genügend Freiraum, Babysitter und Zeit zur Verfügung stehen. So haben die Kinder die Möglichkeit, sich miteinander vertraut zu machen, sich zu begeistern und kreativ zu werden. Und vielleicht können alle am Ende des Tages den Eltern in einer gemeinsamen Show zeigen, was sie am Tag kreiert haben. Deshalb ist zum Beispiel das Thema Zirkus so beliebt.

Noch ein Tipp: Für einen geschlossenen Kinderbetreuungsbereich sind wie bei einer Hochzeit (siehe Seite 74 ff.) die Kinder-Übergabeliste sowie die Namensschilder unabdingbar.

Den lustigsten Fehler, den ich bei der Planung einer Veranstaltung im Businessbereich bisher erlebt habe, war übrigens der: Eine Internationale Firma war mit allen ihren Führungskräften und deren Familien in unserer Stadt. Alles war super vorbereitet, um die Kinder ab dem Nachmittag zu betreuen. Jede Familie hatte einen persönlichen Babysitter zugewiesen bekommen. Leider war vereinbart, dass diese sich zum ersten Mal im Spielzimmer treffen sollten. Da alle pünktlich und zur selben Zeit erschienen, standen plötzlich 20 Babysitter und 20 Kinder und 40 Mamas und Papas in dem 40 Quadratmeter großen Hotelzimmer, das wir vorher zum Spielzimmer umgebaut hatten.

Die Suite der Eltern wäre für die persönliche Übergabe eindeutig besser gewesen. Aber so fing der Abend gleich quirlig an – im positiven Sinne. Bei einem anderen Auftrag war das ganz anders.

Ich kann nicht zaubern

Der Kies knirscht leise unter meinen Autoreifen. Ich stelle den Motor aus, lehne mich noch für einen kurzen Moment zurück und genieße den Anblick. Vor mir liegt das Schloss, die Türmchen ragen in den blauen Himmel und alles strahlt. Ich bin eine Stunde zu früh da und liebe das. Es kann unterwegs immer etwas sein, Stau zum Beispiel oder eine Straßensperrung, man verfährt sich oder hat die falsche Postleitzahl erwischt. Nur für den Kunden darf das kein Problem werden. Gebucht. Ich bin da.

Ich schicke übrigens vorab allen Familien, bei denen ich zum allerersten Mal bin, also auch Hotelgästen, eine SMS, sofern mir die Handynummer schon zur Verfügung steht: »Liebe Familie …, ich freue mich, heute für Sie da sein zu dürfen. Ich bin gleich da … bereits im Hause … Sie finden mich in der Lobby … an der Rezeption.« Ich habe gute Erfahrungen damit gemacht, wenn man diese Nachricht zehn Minuten vor dem Erscheinen versendet. Entspannte Eltern, entspannte Kinder, entspannter Abend. Das nutzt auch dir etwas. Dieser hier sollte allerdings ganz anders ausgehen.

Ich bin also eine Stunde eher da und wandere durch den Schlosspark, an den Pferdeställen vorbei und hin zum Anwesen. Ich liebe diese Ruhe davor. Das bunte Treiben sehe ich schon aus großer Entfernung und aus der Nähe, dass eine Hochzeit gefeiert wird. Die Gäste stammen übrigens aus 12 Ländern, wie sich später herausstellt. Und ich bin die Babysitterin, habe aber mit dem Brautpaar nichts zu tun, sonst hätte ich Blumen mit dabei. Ich habe an diesem Abend Millie, ein eineinhalbjähriges englischsprachiges Mädchen, und ihren Schlaf zu bewachen, damit die Eltern und Freunde des Brautpaares richtig feiern können. Die »Ich-bin-da-SMS« habe ich bereits abgeschickt und eine Antwort erhalten. Das Kind wird gerade zu Bett gebracht, und wenn es eingeschlafen ist, wird mich der Vater abholen und auf das Zimmer bringen. Das dauert keine zehn Minuten. Das Hotelzimmer ist groß, das Bad klein, der Flur winzig, das Kind schläft. Die Telefonnummer für den Notfall habe ich ja schon. Wir besprechen alles Notwendige, trinken (Wasser), essen (nein), aufwachen (hoffentlich nicht), weinen (sie wird dabei mit dem linken Händchen am Ohr zupfen), Kuscheltier (keines vorhanden), Windeln (nicht wechseln). Außerdem einigen wir uns darauf, dass ich im kleinen Flur auf einem Sessel, den wir dort hinbringen, sitzen soll, damit kein Schlaf gestört wird. Leider wird das mit dem Sitzen schwierig, man kann keine Beine ausstrecken, so klein ist der Flur.

Ich hocke also da, mit angewinkelten Knien, auf einem Sessel, im Dunkeln, in einem Schloss, mitten in Deutschland und frage mich bereits nach sieben Minuten, was ich hier eigentlich mache, als Millie hinter der Tür anfängt zu weinen. Oh nein, hatte ich mich bewegt? Wird sie sich wieder beruhigen? Sie beruhigt sich nicht. Ich öffne sanft die Tür und krame sprichwörtlich im Hinterkopf nach einem Lied zum Beruhigen. Für Millie. Und für mich. Auf Englisch? O.k., ich summe. Hmmmm, hm, hm, hm, hm. Millie weint. Hmmmm, hm, hm, hm, hm. Hmmmm, hm, hm, hm, hm. Sie weint noch mehr. Ich hocke mich vor das Bettchen und rede ganz lieb mit ihr. »Hi, honey, Millie, sweety, you woke up, I'm so sorry, but I'm here, everything is fine and you too. Sleep well. And in the morning …« Aber der Morgen interessiert sie nicht. Und Millie hat damit völlig Recht. Auch sie ist in einem Schloss, in einem Zimmer, das sie nicht kennt, mit fremden Geräuschen und Wind überm Dach und mit einer fremden Frau im Dunkeln neben ihrem Bett.

Ich nehme Millie hoch und mache ein wenig Licht an und versuche sie abzulenken. Ich biete ihr zu trinken an, wiege sie sanft. Es ist nichts zu machen. Millie zupft wie wild an ihrem Ohr und die Tränen kullern. Ich rufe die Eltern an, aber sie nehmen nicht ab. Ich schicke ihnen eine Nachricht und fünf Minuten später ist der Vater da. Es ist kein Problem. Millie hatte auch die Nacht vorher schon geweint. Der Vater nimmt die Kleine und schließt die Zimmertür. Millie weint noch mehr und ich ziehe wieder die Knie an und hocke mich auf den Sessel im Flur. Es ist 19:30 Uhr.

Um 23:30 Uhr öffnet sich die Tür wieder und ein verschlafener Kopf schaut heraus, der vom Vater. Es ist ihm sichtlich peinlich, dass er eingeschlafen war, und er schickt mich nach Hause. Meinen Vorschlag, dass er doch jetzt noch feiern gehen könne, lehnt er lächelnd ab. Er freut sich darauf, sich wieder hinzulegen.

Es tut mir so leid, das Geld, das die Familie für mich bezahlt hat. Es tut mir leid, dass ich nicht zaubern konnte und kann. Es tut mir so leid, dass ich nichts für die Familie habe tun können. Oder doch?

Natürlich wäre es besser gewesen, das Kind hätte mich vorher kennengelernt. Es wäre sicher auch besser gewesen, wenn das Kind mehr Vertrautes, etwas zum Kuscheln im Bett gehabt hätte. Vielleicht wäre es besser gewesen, ich hätte gleich draußen auf dem Hotelflur gesessen. Vielleicht wäre es trotzdem genauso abgelaufen.

Um doch irgendetwas gutmachen zu können, schreibe ich am nächsten Tag gegen Mittag eine SMS: »Liebe Becca, ich hoffe, der Rest der Nacht war für Millie ruhig und ihr konntet noch schön feiern. Es tut mir so leid, dass ich nicht so viel für Euch tun konnte. Habt noch einen wunderschönen Tag und kommt wieder gut nach Hause.«

Die Antwort von Becca kommt schnell: »Vielen Dank, liebe Barbara, die Nacht war für alle gut und ich konnte den Abend mit meinen Freunden verbringen. Es tut mir so leid, dass es für dich nicht so schön war. Vielen Dank für deine Geduld und dein Verständnis. Ich hoffe, du hast noch einen schönen Sommer in Berlin.«

Das klang entspannt und zufrieden. Der Abend hatte zwar einen komischen Verlauf. Aber letztendlich hatte die Mama feiern können, die Millie hatte ihren Papa. Und der, der konnte mal richtig lange schlafen.

Und ich? Ich hatte wieder etwas gelernt: Nicht zaubern können, ist nicht so schlimm. Wirklich wichtig ist, dass du mit dafür sorgst, dass am Ende alles gut sein kann.

Der irische Schriftsteller Oscar Wilde hat einmal gesagt: »Am Ende wird alles gut. Wenn es nicht gut wird, ist es noch nicht das Ende.« Und schon deshalb muss jeder Auftrag zu Ende gebracht werden.

Absender:

Name, Vorname

Straße

PLZ, Ort

Alter Beruf

Bitte senden Sie mir kostenlos zu:

Verlagsprogramm (2x im Jahr)
- ○ gedruckt
- ○ per E-Mail

Newsletter (8x im Jahr)
- ○ gedruckt
- ○ per E-Mail

E-Mail-Adresse

ntliche Angaben werden vertraulich behandelt
nicht an Dritte weiter...

Bitte ausreichend frankieren
09/15

Antwort

Steffen Verlag
Berliner Allee 38
13088 Berlin

Liebe Leserin, lieber Leser,

vielen Dank für Ihr Interesse an unseren Publikationen. Wenn Sie diese Karte ausgefüllt an uns zurücksenden (siehe Rückseite) erhalten Sie kostenlos unser aktuelles Verlagsprogramm sowie unseren Newsletter mit Neuigkeiten, Verlosungen u.v.m. Sie können diese Karte auch im Internet ausfüllen.

Diese Karte habe ich folgendem Buch entnommen: ....

Ich interessiere mich für folgende Themen:

- ○ Reiseführer/Reiseliteratur
- ○ Naturbücher/Gartenbücher
- ○ Humor-Geschenkbücher
- ○ Literarische Geschenkbücher
- ○ Geschichte zur Region ....
- ○ Hans Fallada
- ○ Maritimes
- ○ Jagdliteratur

Aufmerksam wurde ich auf das Buch durch:

- ○ Zeitung/Zeitschrift ....
- ○ Fernsehen/Radio ....
- ○ Verlagskatalog
- ○ Verlagswebseite
- ○ Lesung ....
- ○ Buchhandlung
- ○ Sonstiges ....

verlag

Unter allen Einsendern eines Monats verlosen wir ein Buch aus unserem Programm, das Ihren Interessen entspricht. (Der Rechtsweg ist ausgeschlossen.)

Sc
una

Feierabend

Endlich ist Feierabend. Manchmal kommt man erst um drei Uhr morgens von einem Babysitter-Job nach Hause. Ich persönlich kann dann nicht gleich schlafen gehen. Ich lese die Post, mache zum Abschalten ein wenig den Fernseher an und meistens gleich wieder aus. Ich esse etwas, manchmal frühstücke ich um dies Zeit auch, weil mir so ist, oder ich trinke noch einen frischen Tee, lass nebenbei das Badewasser einlaufen und freue mich in der Badewanne schon aufs Bett. Natürlich ist man geschafft, manchmal auch richtig kaputt, aber immer irgendwie zufrieden. Und dann schmunzle ich vor mich hin, über das, was man so erlebt und hört. Kindermund ist einfach nicht zu übertreffen. Zum Beispiel: »Mein Papi ist Arzt und macht die Frauen wieder hübsch.« Herausfordernd ist auch, wenn ein Kind zu dir sagt: »Wenn du mir nicht weiter vorliest, sage ich Mama und Papa, dass du mich gehauen hast.« Lass dich nicht herausfordern und fühle dich nicht persönlich angegriffen. Thematisiere mit dem Kind, dass es wohl traurig ist, dass das Lesen für heute vorbei ist. Auf seine Drohung gehe nicht weiter ein.

Die leichtesten Jobs sind Schlafwachen und den Kinderwagen schieben. Aber eben auch langweilig.

Bei den härtesten Jobs gehen die Meinungen der befragten Babysitter sehr weit auseinander. Der eine findet zweijährige Zwillinge schwierig zu betreuen. Andere wiederum Kinder, die sich, den Babysitter und die Wohnung vollgebrochen haben. Oder ein Baby, das einen Jetlag hatte und kaum zu beruhigen war. Oder wenn man 18 Stunden am Stück in einer schwierigen Familiensituation zu meistern hatte.

Babysitter wünschen sich Eltern, die nett und zuverlässig auftreten, sowie Kinder, die lieb und fröhlich sind. Eigentlich das, was sich die Familien auch von den Babysittern wünschen, oder?! Doch leider klappt das nicht immer. Die Gründe können vielfältig sein. Aber es kann auch an den No-Gos liegen.

No-Gos

Dilettantische Fehler

Der Begriff Dilettantismus steht für stümperhaft und oberflächlich ausgeführte Tätigkeiten. Und das beginnt im Babysitter-Geschäft mit Kleinigkeiten, wenn du zum Beispiel

- beim ersten Besuch keine Visitenkarte dabei hast
- den Ausweis, den du immer dabei haben solltest, vergessen hast
- nicht an Geld gedacht hast, das du bei Barzahlern brauchst, um wechseln zu können (Du weißt vorher, wie viel Geld du circa abkassieren musst; meiner Erfahrung nach solltest du so viel Wechselgeld dabei haben, dass du immer auf einen 50 Euro Schein herausgeben kannst)
- kein Telefon dabei hast (Das geht nicht.)
- kein Guthaben auf dem eigenen Telefon hast (niemals)
- das Ladegerät vergessen hast (Tue dir das nicht an, schon gar nicht, wenn du übers Land fährst beziehungsweise mehrere Tage und Nächte weg bist.)
- zu spät kommst oder zu früh. Gar nicht kommen wäre übrigens kein dilettantischer Fehler, sondern ein Kündigungsgrund.

No-Go: Mangelnde Hygiene oder Modelauftritt

Du hast also an alles gedacht. Das Telefon ist geladen, das Ladekabel in der Tasche und dein Herz an der richtigen Stelle. Kommen wir noch einmal auf das Äußere zurück. Es wurde in diesem Büchlein schon an mehreren Stellen darüber gesprochen, warum Hygiene, deine Kleidung und dein Auftreten wichtig sind. Du bist der Babysitter und hast mit Kindern und Babys zu tun und für ihr Wohlbefinden und ihre Sicherheit zu sorgen. Wenn du unter diesem Aspekt deine Fragen stellst, bekommst du schnell eine Antwort, was angebracht ist und was nicht.

Ein Piercing ist ein gutes Beispiel. Es kommt darauf an, falls du überhaupt ein Piercing hast, wo du es trägst, wie es beschaffen ist und inwieweit es die Sicherheit gefährdet – deine, wenn das Kind daran zieht, und die des Kindes, wenn es daran hängen bleibt. Sicherlich ist ein Piercing auch eine Frage des persönlichen Geschmacks, es könnte jedoch sein, dass damit dein Kundenkreis eingeschränkt bleibt.

Ansonsten gilt die einfache Regel: Dein Auftreten sollte so sein, dass du das leisten kannst, was du kannst und was du sollst. Alkohol und Zigaretten gehen gar nicht. Schmutzige Fingernägel ebenso. Geschminkt, parfümiert, gepierct – weniger ist mehr, außer beim Rock. Parfüm ist auch sehr speziell. Vielleicht sollst du das Kind am Abend in das Bett der Eltern bringen, und stell dir vor, du riechst nach Vanille-Orchidee – und die Eltern bekommen am Abend deswegen Streit.

Einen »Joker« in Sachen Mode hast du allerdings, ein wenig Glitzer finden alle Babys toll.

No-Go: Schokolade, Nüsse, Honig, Süßigkeiten

Sicherlich besprichst du immer, was das Kind schon gegessen hat, wann es essen soll, was und – was nicht! Das ist nicht zu beurteilen und du musst dich unbedingt daran halten. Die Ernährungsformen in den Familien sind heute sehr unterschiedlich und reichen von »Wir essen alles!« bis hin zur veganen Ernährung. Außerdem kann das Kind Allergien haben und muss auf bestimmte Nahrungsmittel ganz verzichten, oder sie wurden durch andere ersetzt. Auch Süßigkeiten, Honig und Schokolade können Allergene enthalten, also Stoffe, die Überempfindlichkeitsreaktionen auslösen können, darunter Soja, Nüsse, Kuhmilch. Deshalb: Besprich die möglichen Allergien und lass die Süßigkeiten, die das Kind essen darf, rauslegen – auch des Zuckerkonsums wegen.

Im Übrigen bist du für deine Verpflegung selbst verantwortlich, außer ein Kunde stellt etwas für dich bereit, oder du kochst und sollst mitessen. Oder es wurde besprochen, dass du dir nehmen kannst, was du brauchst. Trotzdem ist da Umsicht und Bescheidenheit angesagt.

Keinen Alkohol. Keine Zigaretten. Keine Schokolade vom Geburtstagstisch … Und falls nur noch ein Joghurt, ein Saft, ein Apfel, ein Stück Käse oder ähnliches im Kühlschrank sein sollte, bleibt das unberührt und für den Kunden. Und niemals an die Schränke im privaten Bereich gehen. Auch nicht, wenn du denkst, die Erdnüsse liegen wie bei dir zuhause im Sideboard, wo der Fernseher drauf steht.

No-Go: Die Sachen der Kunden

Wenn es richtig gut läuft, gehörst du quasi zur Familie. Du fühlst dich wohl, die Kinder lieben dich und du hast den Wohnungsschlüssel immer bei dir. Und doch ist das nicht dein Zuhause! Du wirst weder in die Wohnung gehen, wenn du keinen Dienst hast, um deinen Schal zu holen, den du das letzte Mal vergessen hast, noch wirst du dich dort bewegen, als ob du dort wohnst. Selbst dann nicht, wenn du für ein paar Tage dort auftragsmäßig übernachten musst, weil die Eltern auf Geschäftsreise sind oder in der Klinik, um ihr Baby auf die Welt zu bringen. Dein Kulturbeutel wird nach dem Job wieder mitgenommen und deine Strickjacke auch.

Du wirst dich nicht ins Bett der Eltern legen und keine Dinge ungefragt benutzen, die du nicht für die Betreuung der Kinder brauchst. Du wirst nicht rumlümmeln oder telefonieren, denn es gibt immer etwas zu tun. Auch der Computer und die Internet-Nutzung sind grundsätzlich tabu. Falls du nach einer Gute-Nacht-Geschichte suchen wolltest, denke dir eine aus.

Und: Es wird sich auch nichts ausgeborgt und mit nach Hause genommen.

Du weißt nie, zu wem du gehst, abgesehen vom Namen. Und das spielt auch keine Rolle. Diskretion ist alles. Der Kunde ist ein Kunde. Und Mama ist Mama, Papa ist Papa, Kind ist Kind. Leider stimmt das nicht ganz so. Bei einem VIP zu arbeiten, kann schon stolz machen.

Beim Anfahrtsweg raussuchen über das Internet ist auch schnell mal der Familienname mit eingegeben. Ein Filmstar vielleicht. Oder eine Fußballerfamilie. Ach, sie sind im Hotel und sprechen nur Englisch? Brad Pitt vielleicht? Nein, der hat ja immer sein eigenes Haus. Sheik kommt im Namen vor. Ein Scheich! Ja, es wird ein Scheich sein. Sie werden mich mitnehmen nach Dubai. Ich werde überall auf der Welt sein und – arbeiten. Arbeiten hoffentlich und niemals darüber plaudern, oder hast du zu viele Filme gesehen? Meistens ist die Familie dann doch anders als gedacht – nämlich ganz normal oder anders als man denkt. Extrem gläubig vielleicht. Darf man dann dort arbeiten? Will man dort arbeiten? Ob, musst du für dich entscheiden. Aber dürfen? Auf alle Fälle. Und du wirst das Gute weitergeben.

Manchmal kommt es zu Problemen zwischen dir und einem Kunden, dann hilft es, darüber zu reden. Notfalls muss der Babysitter ausgetauscht werden, wenn es nicht passt.

Gibt es Probleme zwischen den Eltern, wird es schwieriger mit einer Lösung, denn du kannst nicht wirklich wissen, worum es geht, auch wenn es so scheint. Und für die Lösung bist du auch nicht zuständig. Du hältst dich gänzlich heraus und lässt dich auch nicht von einer Partei benutzen.

Ich bin immer fassungslos, wenn im Fernsehen eine Ex-Nanny, meist in Amerika, an die Öffentlichkeit geht und behauptet, sie weiß was. Ich frage mich dann stets, was wohl der eigentliche Grund für diesen Auftritt sein könnte. Hat sie kein eigenes Selbstbewusstsein? Will sie Geld? Fehlt ihr die Anerkennung? Oder wurden vorher schon Grenzen überschritten?

Falls es wirklich Probleme gibt, die das Wohl eines Kindes verletzen, muss natürlich gehandelt werden, aber nicht öffentlich. Du kannst die Familie direkt ansprechen oder das Problem beim Jugendamt melden, auch anonym. Habe keine Angst davor, du willst niemanden anzeigen, sondern helfen. Auf alle Fälle sprich mit deiner Agentur, so du eine hast, zusammen findet ihr eine Lösung.

Grundsätzlich gilt wie in jedem Arbeitsvertrag die Schweigepflicht. Das heißt, alles Private bleibt privat, schon zum Schutz der Kinder. Solltest du vertragswidrig handeln, musst du mit rechtlichen Konsequenzen rechnen. Eine Plauderei darüber beziehungsweise das Leben eines Kunden öffentlich zu machen, hat noch nie etwas gebracht.

No-Go: Fotografieren

Möchtest du Fotos im Internet finden, die dich und dein Leben zeigen, die du aber weder aufgenommen noch dort hochgeladen hast? Du wurdest nicht einmal gefragt und wusstest es auch nicht, dass sie gemacht wurden? Nein, das willst du nicht? Na also, deine Kunden wollen das auch nicht. Privat ist privat.

Es werden weder Kinder, Familienangehörige, Sachen, Räume oder sonst etwas fotografiert. Das ist Babysitter-Ehrensache – egal, ob du beim Kaiser von China bist oder dir eine Lampe gut gefällt.

Es werden nur Fotos auf ausdrücklichen Wunsch der Kunden hin gemacht und ihnen dann wie besprochen per SMS oder E-Mail zugestellt, also zum Beispiel damit sie sehen, wie ihr Kind schläft. Danach musst du die Fotos wieder löschen, auch aus deiner Cloud, wohin sie oft automatisch gespeichert werden.

Und falls du neben der Babysitter-Tätigkeit noch Fotografin bist und vielleicht an einem Fotoprojekt arbeitest, wo du jeden Tag einen Garten fotografieren musst, bespreche das bitte mit deinem Kunden. Sicherlich findet ihr eine Lösung.

No-Go: Heimliche Übernahme

Vielleicht arbeitest du bei einer Agentur. Eine gute Agentur betreibt sehr viel Aufwand, um die besten Babysitter und Nannys für ihre Kunden zu finden und für die Babysitter wiederum schöne Aufträge.

Beide Seiten werden zusammengebracht und sind glücklich. Die Termine können sie unkompliziert untereinander abstimmen. Und falls der Babysitter zum Wunschtermin des Kunden mal selbst nicht kann, wird für passenden Ersatz gesorgt. Im entgegengesetzten Fall, also die Familie braucht den Babysitter doch nicht so oft, wie dieser eigentlich arbeiten möchte, sorgt die Agentur für weitere Jobs. Das alles regelt die Agentur – und die vertragliche und finanzielle Seite noch dazu. Klingt gut, oder?

Es gibt nur einen Haken, Kunde und Babysitter sind ja jetzt glücklich, da könnten sie sich doch die Agentur sparen. Sie kostet scheinbar ohnehin viel zu viel. Das heißt in der Praxis, dass der Kunde dem Babysitter, neben der Einfachheit der direkten Abwicklung, vielleicht einen scheinbar besseren Preis anbietet, vielleicht einen Euro pro Stunde mehr. Damit fährt der Kunde günstiger als über die Agentur und freut sich diebisch, obwohl es Betrug ist. Oder es wird einfach »bar auf die Hand« vereinbart, um nicht »schwarz« zu sagen. Ich weiß es nicht. Ich weiß nur, dass sich plötzlich der Kunde nicht mehr meldet und auf zauberhafte Weise der Babysitter aus dem Wochenplan verschwindet. Heraus kommt das, wenn der Babysitter mit dem Kunden und den Kindern gesehen wird – über andere Babysitter oder weil er stottert, wenn die Agentur anruft und fragt, wie der Wochenplan aussieht, und der dann vor Schreck antwortet: »Ich kann nicht mehr arbeiten, ich bin doch bei Familie XYZ.«

Das nennt man »heimliche Übernahme«. Manchmal geht die Übernahme auch vom Babysitter aus, er gründet seine eigene Agentur und fischt die Kunden ab.

Hallo Kunde, hallo Babysitter, bitte Respekt. Habt ihr schon einmal daran gedacht, was ihr der Agentur zu verdanken habt? Mit wie viel Einsatz und Liebe genau ihr so passend zusammengebracht wurdet? Und dass damit das Ansehen und die Arbeit der Babysitter niemals eine öffentliche Anerkennung bekommen, wenn sie im Stillen verramscht werden und niemanden mehr auf ihrer Seite haben, der für sie kämpft? Und das Babysitter dann niemals ordentlich bezahlt werden, weil sich immer jemand findet, der noch billiger ist. Wollt ihr das?

Als Agentur ist man platt. Vor allem deshalb, weil die eigene Arbeit nicht wertgeschätzt wird.

Dabei ist eine Personalübernahme ganz einfach, sauber und offiziell möglich. Mit dem Unterschied, dass der Aufwand, den die Agentur mit der vorher erfolgten Personalsuche geleistet hat, bezahlt werden muss. Das ist nicht teuer, aber fair und gerecht. Kinderbetreuung ist kein Selbstbedienungsladen.

No-Go: Babysitter nicht bezahlen

In der Regel bekommt ein Kunde am Monatsende seine Rechnung. Sie beinhaltet aufgeschlüsselt die tatsächlich erbrachte Leistung und berücksichtigt natürlich die bereits getätigten Bar- und Vorabzahlungen. Den dann noch offenen Betrag hat der Kunde innerhalb einer vereinbarten vertraglich geregelten Frist zu bezahlen. Rein rechnerisch bedeutet dies, dass, wenn er am 1. eines Monats einen Babysitter bucht, vielleicht dich, er erst sechs Wochen später bezahlen muss.

Babysitter gehen also wie in anderen Jobs auch mit ihrer Arbeit in Vorleistung und bekommen im darauffolgenden Monat das Geld dafür.

Von den meisten Kunden kommt das Geld auch pünktlich an.

Dann gibt es die, die erst nach einer Aufforderung, also der ersten netten Mahnung, bezahlen. Oder vielleicht nett anrufen: »Oh, tut mir leid, ich habe die Rechnung verlegt. Würden sie mir die noch mal zuschicken? Ich überweise es dann auch sofort.« Kein Problem, wird erledigt. Wiederum andere rufen an und fragen: »Könnten sie mal schauen, ob ich schon überwiesen habe?« Na klar, machen wir gern, obwohl schon zu 99 % sicher ist, dass er nicht überwiesen haben wird, sonst würde er ja nicht anrufen. Das ist Zeitschinden auf nette Art und Weise. Der Kunde vermittelt, ich bin schusselig, das macht ihn sympathisch, außer er bezahlt dann immer noch nicht.

Denn es gibt immer ein, zwei Kunden, die nicht bezahlen und sich auch nicht melden. Mit ihnen hast du oder die Agentur oft Monate zu tun, bis das Geld eintrifft. Das geht dann damit los, dass sie, wenn sie endlich nach erfolglosen Mahnungen vielleicht endlich per Telefon erreicht werden, sagen, sie bezahlen nicht, die Rechnung wäre falsch. Ja, auch das kann passieren. Dann spricht man darüber und zwar gleich, wenn man sie erhalten hat. Dann wird das in Ordnung gebracht und es kann bezahlt werden.

Was aber gar nicht geht, ist, gar nicht zu bezahlen. Vielleicht, weil sie nicht bezahlen können. Es ist unangenehm, sicher, aber man könnte sich die zusätzlichen Kosten des Mahnverfahrens und der Anwälte, inklusive grauer Haare und Zeitverlust, ersparen, wenn man gleich darüber redet und vielleicht eine monatliche Rate vereinbart.

Interessanterweise geht die Tendenz der nicht zahlenden Kunden dahin, dass es jene sind, die mit zwei Katzen im teuersten Hotel wohnen oder mit der Familie und dem Babysitter nach Italien geflogen sind oder zwei Monate lang jeden Tag einen Babysitter gebucht haben und dann plötzlich Insolvenz anmelden.

Wie soll ein Babysitter sich eigentlich fühlen, wenn er jeden Tag sein Bestes gegeben, in der Sonne einer azurblauen Küste Windeln gewechselt und beim Champagner-Trinken zugeschaut hat und dann am Ende sein Geld nicht bekommt?

Es geht nämlich auch dabei um Anerkennung.

Dank, Dankeschön und Trinkgeld

Wenn du nach Erziehungstipps oder Visitenkarten gefragt wirst, hast du alles richtig gemacht. Und falls du Trinkgeld bekommst, noch richtiger.

Leider gibt es nicht oft Trinkgeld. Und ich habe bis heute nicht herausbekommen, warum das so ist. Zum Beispiel in Hotels: Der Babysitter wird häufig von »jetzt auf gleich« bestellt. Er ist da, freundlich, bietet besten Service, kümmert sich liebevoll, damit alles klappt, und er sorgt dafür, dass die Eltern einen zauberhaften Abend haben können. Und obgleich Trinkgeld in einem Hotel eigentlich völlig normal ist, der Babysitter bekommt meist keins. Und selbst, wenn der Kunde bar zahlen muss, weil er neu oder aus dem Ausland ist, wird selten aufgerundet.

Was ich herausgefunden habe, ist, dass dies nichts mit mir zu tun hat, denn anderen Babysittern geht es ebenso. Schade.

Dafür erhalten Babysitter viel Anerkennung durch Zuneigung bis hin zu kleinen Liebeserklärungen von den Kindern, bei denen sie regelmäßig sind. Und auch von ihren Eltern, in dem sie sich für dich wirklich interessieren und auch dranbleiben und nachfragen, wie zum Beispiel deine Prüfung verlief oder wie der Geburtstag war.

Also, jeder Mensch sollte wertgeschätzt werden. Das kann ein Lächeln in den Augen sein, durch ein kleines Dankeschön, ein Trinkgeld oder in dem man es einfach sagt. Das Schönste, was mir einmal passiert ist, war das: Nach zwei Jahren besuchte ich eine Familie, bei der ich ein halbes Jahr lang mal die Nanny war. Sie hatten ein zweites Kind bekommen und ich musste es natürlich unbedingt sehen. »Ihr seid eine so süße Familie«, sagte ich, als ich mir die vier so anschaute. Daraufhin antwortete der Vater: »Ohne dich wären wir das nicht geworden.«

Und jetzt – Konfetti!

Und jetzt danke ich dir. Also Konfetti über dich, dass dich dieses Buch interessiert hat. Ich hoffe, ich konnte dir etwas helfen, du hattest Spaß beim Lesen und hast immer Freude beim Babysitten.

Außerdem danke ich allen Mamas, Papas und Kindern, mit denen ich ein Glücks-Puzzle des Lebens teilen durfte: das des Zusammenseins.

Lieben Dank auch an Jennifer, Caroline, Cynthia, Hannah, Anna-Lena, Annabelle, Doreen, Inga, Anna-Sofie, Anne und Andrea, die alle Babysitter aus Leidenschaft sind und mit mir ihre Erfahrungen teilten.

Ein großes Dankeschön gilt der Agentur »Babysitter-Express« aus Berlin, die mir fachlich bei diesem Projekt zur Seite stand.

Und unbedingt Marina, Jörn, Grischa, Annemarie, Julius, Carola, Helke und Marion. Ihr wisst schon, warum.

Danke, danke.

Anhang

Schlagwörter rund um das Babysitten

Ausbildung

Beim Deutschen Roten Kreuz:
Babysitter Kurse mit Zertifikat, Vermittlung von Grundkenntnissen in Spielpädagogik, Entwicklung des Kindes, Erste Hilfe, Säuglingspflege, Rechte und Pflichten
www.drk.de/hilfe-in-deutschland/kinder-jugend-und-familie/babysitterausbildung-und-vermittlung

Beim Kinderschutzbund:
Der Kinderschutzbund bietet regionale Wochenend- oder Abendkurse an, wo ein Arzt, eine Kinderkrankenschwester und eine Erzieherin Fachwissen in Sachen Kinderbetreuung vermitteln. Abschluss: Babysitterpass und Aufnahme in die Kartei. Zu finden über die 430 Ortsverbände des Deutschen Kinderschutzbundes, zu finden über
www.dksb.de/CONTENT/VORORT.ASPX

Vermittlung

- Babysitter-Express: Babysitter und Nannys, Persönliche Personalsuche, Betreuung von Firmen und Veranstaltungen, für Privat- und Geschäftskunden
  www.babysitter-express.de
- Notfallmamas: Kinderbetreuung für Unternehmen und Privathaushalte in Hamburg, Berlin/Potsdam, Frankfurt, Düsseldorf, Köln und München
  www.notfallmamas.de

- Mary Poppins: Personalvermittlung für Haushalte, darunter Babysitter und Nannys, bisher in 13 Städten Deutschlands, auf der Suche nach Franchise-Partnern
  www.marypoppins.de
- *babysitter.de:* Online-Plattform für Eltern und Betreuer zum Job einstellen und Babysitter, Tagesmutter, Leihoma, Nanny finden – deutschlandweit
  www.babysitter.de
- Deutsches Rotes Kreuz: Babysitter zwischen 14 und 27 Jahren, gemeinnützig
  www.drk.de/hilfe-in-deutschland/kinder-jugend-und-familie/babysitterausbildung-und-vermittlung
- Notmütterdienst: neben der Familienhilfe auch Betreuung kranker Kinder; in Berlin, Frankfurt, Hamburg, Köln
  www.notmuetterdienst.de
- Mokis Berlin: Öffentlich gefördert, Kinderbetreuungsservice für Eltern mit besonderen Arbeitszeiten
  www.mokis.berlin
- Betreut: Onlineplattform ohne persönliche Vermittlung
  www.betreut.de/kinderbetreuung
- Au-pairs: Verzeichnis verschiedener Au-pair Agenturen Deutschlands, also von Agenturen, die Au-pairs aus Deutschland ins Ausland vermitteln bzw. umgekehrt
  www.au-pair-agenturen.de

Telefonnummern für den Notfall

112
Europäische Notfallnummer, erster Kontakt in allen Fällen von Rettungswagen bis Feuerwehr, kann von jedem Telefon aus rund um die Uhr und kostenlos gewählt werden

0800/111 0 111 und **0800/111 0 222**
Telefonseelsorge in Deutschland, Notruf für dich persönlich rund um die Uhr und kostenfrei

08000 116 016
Das Hilfetelefon – Beratung und Hilfe für Frauen/Gewalt gegen Frauen: rund um die Uhr, auch an Wochenenden und Feiertagen – an 365 Tagen im Jahr. Ihr Anruf beim Hilfetelefon ist kostenlos. Selbst ohne Guthaben auf dem Mobiltelefon kann die Beratung deutschlandweit genutzt werden.

Deine Telefonnummern

. . . .

. . . .

. . . .

. . . .

Tipps

Literatur-Tipps

»Vier Werte, die Kinder ein Leben lang tragen«, Jesper Juul, GU Verlag, München 2014

»Jedes Kind ist hoch begabt: Die angeborenen Talente unserer Kinder und was wir aus ihnen machen können«, Gerald Hüther/Uli Hauser, bbt Verlag, München 2013

Aufsichtspflicht

www.aufsichtspflicht.de

Erste Hilfe

www.erste-hilfe-fuer-kinder.de (und Babys)
oder als Buch
»Schnelle Hilfe für Kinder«, Notfallmedizin für Eltern«
Janko von Ribbeck, Kösel-Verlag, München 2012

Minijob

Anmeldung, Berechnung und Fragen
www.minijob-zentrale.de

Autorin

Barbara Sommerer studierte in Berlin und Stuttgart Marketing und Werbung. Sie war als Veranstaltungsmanagerin, PR Beraterin, in der Werbung und der Kultur tätig. Babysitterin ist sie durch Zufall geworden. Heute arbeitet sie als freie Autorin in Berlin und schreibt für verschiedene Zeitungen und Magazine und den Steffen Verlag.

Die Deutsche Nationalbibliothek verzeichnet diese Publikation in der Deutschen Nationalbibliografie; detaillierte bibliografische Daten sind im Internet über http://dnb.d-nb.de abrufbar.

1. Auflage 2017

Berliner Allee 38, 13088 Berlin, Tel. (030) 41 93 50 08
info@steffen-verlag.de, www.steffen-verlag.de

Herstellung: Steffen Media, Friedland – Berlin – Usedom
www.steffen-media.de

ISBN 978-3-95799-037-2